给孩子的幸福力1

付广娟
王晨宇　著
王宏伟

电子工业出版社·
Publishing House of Electronics Industry
北京·BEIJING

图书在版编目（CIP）数据

给孩子的幸福力. 1 / 付广娟，王晨宇，王宏伟著.
—北京：电子工业出版社，2018.5
ISBN 978-7-121-34059-8

Ⅰ.①给… Ⅱ.①付…②王…③王… Ⅲ.①家庭教育 Ⅳ.①G78

中国版本图书馆CIP数据核字（2018）第077400号

策划编辑：李　贝
责任编辑：任婷婷
文字编辑：杜　皎
营销编辑：胡　晔
印　　刷：三河市华成印务有限公司
装　　订：三河市华成印务有限公司
出版发行：电子工业出版社
　　　　　北京市海淀区万寿路173信箱　邮编：100036
开　　本：720×1000　1/16　印张：12.25　字数：230千字
版　　次：2018年5月第1版
印　　次：2019年9月第4次印刷
定　　价：39.00元

凡所购买电子工业出版社图书有缺损问题，请向购买书店调换。若书店售缺，请与本社发行部联系，联系及邮购电话：（010）88254888，88258888。

质量投诉请发邮件至zlts@phei.com.cn，盗版侵权举报请发邮件至dbqq@phei.com.cn。

本书咨询联系方式：（010）88254308，influence@phei.com.cn，微信号：yingxianglibook。

目录
Contents

推荐序

幸福的教育收获幸福的人生

认识付老师的人都知道，她是一个朴实得不能再朴实，普通得不能再普通的人。你在她的脸上看到的永远都是最灿烂的笑容，在她的身上感受到的永远都是最强大的磁场和满满的正能量，懂得她的人都能体会到她教育的落地生根。

她的人生很充实。她有自己的教育理念与情怀。她是一名幸福的教师，也是一名幸福的妈妈。

作为教师，她坚守着自己良知教育的阵地，让上千个学生有着不一样的世界观、人生观和价值观，成为社会有用的人才；她不但影响着自己的学生，还影响着上千个家庭，让每个家庭都幸福绵长，她让很多因为孩子教育走向破碎的家庭最后走向了幸福。这就是教育的魅力。

有人说，她是教育界的一股清流，可以让孩子净化心灵，让家长在喧闹的都市生活中走向安静。她将家庭教育做到了骨子里，深入人心，沁人心脾。她一直在一线工作，但她的铁粉却有几万人，因为她做了最实用的家庭教育。

她还是一个幸福的妈妈。她的儿子很优秀，一个优秀孩子的成长，一定源于一个优秀的家庭，一对优秀的父母。她的优秀的标准与别人不同，她只要孩子健康、阳光、积极向上，她只要孩子有责任、懂得担当、有感恩之心、有清晰的人生目标，她只要孩子幸福就足够了。

她的儿子于 2017 年考入了心仪的清华大学。在新的人生舞台上，他尽情书写着自己的青春和未来。舞台上、绿茵场上、自习室里……都能看到他活跃的身影。这就是她心目中优秀的孩子。她只想让孩子幸福，她的孩子是幸福的。

《给孩子的幸福力1》这本书是她用自己的教育经历为大家解读什么是幸福的教育、怎么做幸福的教育、如何让一个孩子收获幸福的人生。

她有自己独到的教育理念，她会聚集教育的合力，让教育发挥出最大的潜能。

她有自己独到的教育方法，她的威信不是生硬的，而是让你感愧于心。

她有自己独到的教育情怀，她会帮助任何一个人，不计得失。

她有自己独到的教育坚持，她会演讲、会写书、会做个人咨询。她把教育真正做到了落地。

还有人说，她是草根型家庭教育专家。她从教育一线的二十五年经验中提纯，她把家庭教育做到了家长和孩子的心中。她没有说教，她与孩子有着那么多感人的故事，都让你产生共鸣，感受到教育的真谛：做最好的家长，可以让每个孩子都焕发自我潜能、发挥自我价值，成为最好的自我，收获幸福的人生。这是每个家长的期待，也是这本书可以带给每个家长的。

教育要因材施教，整合付老师最好的教育经验，寻求最适合自己孩子成长的家庭教育方法，每个孩子都有机会成长、成才，都可以成为一个幸福的人，一个对社会有用的人。

作为妈妈、作为老师，作者以双重身份创作的这部家庭教育专著，值得一读！

潘炜　博士

自 序

流淌在故事中的幸福

幸福的人生有很多种，每家的幸福都是不同的。

本书是我们一家三口共同写的一本关于家庭教育方面的书。书的核心词就是幸福，我喜欢幸福的生活，这是我一生的追求，我努力实现了；我喜欢分享幸福，这是我一辈子的梦想，于是写了这本书与大家共勉。

我做了20年的班主任、24年的学校教育、18年的家庭教育，有着那么多与我息息相关而又可爱的家长们，我想把这本书献给那些喜欢我和喜欢我的孩子们的人，如果能给您带来一点点的启示，抑或可以改变一个家长的教育理念，我也就知足了。

本书没有高深的理论，只是用最直白的语言来讲了孩子成长过程中，我和孩子的故事。这里有关于学习的故事，有关于玩的故事，有几乎所有的孩子都经历而又困惑的事，我只想抛砖引玉，让更多的父母豁然开朗，让更多的家长更幸福！

反思自己对学生和对自己孩子的教育，我发现，好的教育应该是由故事组成的，每个故事都是值得珍藏的教育方式和教育理念。

想要教育出一个身心健康而又优秀的孩子吗？讲一讲你和孩子之间的故事吧。如果没有，我们就应该反思自己的教育是否出了问题。真正做教育的人应该是有故事的人。每个父母都应该是教育的参与者。大大小小的故事就构成了一个家庭的风气、风格与风尚，这就是所说的家风吧！每个家庭都可以形成自己的特色，每个孩子都可以享有最好的家庭教育。分享儿子成长的故事，做点有益于大家的事，这是作为教育工作者最大的幸福，也是我们全家的幸福！教育不难，我们只要努力，没有克服不了的事，一定有一种教育是最适合自己孩子的！适合自己孩子的教育才是最好的教育！

教育与家风息息相关。家风就是一个家庭的风气、风格与风尚。它似一棵大树，一面成长，一面吐露沿途的繁花茂叶。它又似一台灵敏的摄像机，沿途摄入所闻所见。日常生活中的每件小事，环境中每个人的言行品格，都会融入成长过程，使这个人的思想感情与行为受到感染，左右着这个人的生活态度。环境给一个人的影响，除有形的模仿以外，更重要的是无形的塑造。

家风是一种综合的教育力量，它是思想、生活习惯、情感、态度、精神、情趣及其他心理因素等共同作用形成的综合体，如语言环境、情感环境、人际环境、道德环境。家是成长的第一空间，在孩子身上处处烙有家风的印记。

家风还是一种潜在的无形力量，家庭的生活方式、文化氛围、成员的性格爱好等构成了家风，在日常生活中潜移默化地影响着孩子的心灵，塑造孩子的人格，是一种无言的教育、无字的典籍、无声的力量，是最基本、最直接、最长久的教育，它对孩子的影响是全方位的。孩子的世界观、人生观、价值观、性格特征、兴趣爱好、道德素养、为人处世、生活习惯等，都会打上家风的烙印，留下家风的痕迹。家庭成员之间应和睦相处，互相关心、互相爱护、互相谅解。

有人谈及家风，有人甚至谈及家训，但无论怎样，我们一定要让孩子主动接受，让孩子感受得到，否则一切的文字都形同虚设。家风不是用来说的，而是用来做的，我把自己家的家风渗透在方方面面的小故事中，让家风有了灵魂，让家风有了味道，让家风有了落地的载体。如果想了解一个清华学子是如何在一种综合、潜在的力量下成长的，那就看一看我家的故事，感受一下在家事中蕴含着的家风、在家风中藏着的幸福感吧！

付广娟

通往幸福的路

　　幸福力是一种能力，是一种可以让亲人、让朋友、让你周围的人都幸福的能力。这是一种磁场，是一种正能量的仁慈，我想我拥有，并且全力释放了。

　　今年儿子 19 岁了，这 19 年，是我人生最快乐、最幸福的 19 年，我知道这份幸福与快乐会持续永远……

　　和儿子共同经历，你会发现生活特别美好：孩子每时每刻都会带给你惊喜，他总会让你有意外的发现，他有太多神奇的地方，他有着让你讲不完的故事。

　　我喜欢和儿子之间的关系，没有古人所说的高高在上。我们之间更多的是调侃，他会调侃我是个花痴，因为我一直在看钟汉良和李学东的照片。我们一起看了十多年的《快乐大本营》，看到疯狂之处，在床上笑着、翻滚着，全然不顾公公婆婆看我们异样的眼神。

　　儿子成长过程中有开心、有疯狂、有幸福，还有着小小的不快，这就是我陪儿子认认真真地走过的 19 年。儿子考上了清华大学，我知道儿子足够优秀，这是他自己努力的结果。作为家长，我觉得自己还是有点小骄傲，儿子的阳光健康，儿子的优秀也让我体验了成功，这算不算家庭教育的成功呢？

　　作为老师，自己尽职尽责。24 年语文教师，20 年班主任，当教育一直处在茫然前行的状态时，我深深地意识到好的教育应该是有故事的。无论学校教育还是家庭教育，每个故事里都珍藏着优秀的教育理念和成功的教育方法。当太多的人还在研发着自己的教育理论、阐述着自己的教育观点时，真正做教育的人应该静下心来思考，如何真真正正、实实在在为教育做点儿事，如何感受孩子带给我们的幸福，如何把握住每一个可以让你回忆的美好瞬间。那些故事才是你人生最为宝贵的财富！那么，我们如何让孩子在故事中品味幸福和成长的喜悦呢？我认为，我们要做到以下几点。

陪伴

没有时间陪伴，教育不可能成功，但有时间陪伴，教育也不一定成功。有些家长在执着地陪伴着孩子，但陪伴是要讲究方法的，要参与到孩子的成长中去。

当儿子考上清华大学那一刻，无数人问我：你怎么就那么幸运，有这么好的一个孩子？其实我特别想说：孩子也有了一对好的父母呢！

我们总想要结果，可不可以先讲一讲你和孩子之间的故事？如果没有，我们就应该反思自己的教育是否出了问题，陪伴是否讲究了方法。

社会的发展告诉我们，说教已很难让孩子回归正轨，不如我们低下头来，和孩子打闹一次，和孩子倾心交流一次，和孩子痛快地唱一次，真正地做孩子的朋友一次。人生本来就很短暂，当我们沉浸在自己的天地中时，已经失去了太多幸福的机会！

曾有人问这样一个问题：你要孩子是为了什么？我看到这样一个令人感动的答案：为了参与一个生命的成长，不用替我争门面，不用为我传宗接代，更不用帮我养老。我只要这个生命存在，在这个美丽的世界走一遭，让我有机会和他同行一段，参与他的每一个历程、每一场酸甜苦辣。这其中有欢笑，也有泪水。上辈子我们有着怎样的交集才换来今生的母子之情，我感恩老天，这是给我们的缘分，让我有机会见证他的成长，成为他最亲最爱的那个人。

孩子是上天赐给父母最好的礼物，我们要让孩子健康、聪明、帅气，我们要让他们活出最好的人生状态，我们每天都要努力，拥有一个美好的心情，珍爱与孩子在一起的幸福时光。

引领

学会与孩子分享优秀，学会引领孩子优秀，是我们让孩子幸福的前提。

父母是孩子的世界，你的世界观、人生观、价值观都会对孩子产生潜移默化的影响，终其一生。父母对孩子的引领至关重要，养不教，父母之过。父母要接触教育，要亲近教育，要捉摸教育。好的教育方式，可以事半功倍!

每个优秀的孩子背后都会有一个和谐温馨的家庭，都会有一对优秀的父母。事实上，最好的教育应该是让孩子自行成长，但这是每一个父母都很难做到的。当我们把孩子扶上马之后，应该撒开缰绳，看着孩子驰骋在人生的赛场! 我们只是孩子人生的引领者。

反思

学会回头看自己，学会在家庭教育中反思，孩子教育的成功指日可待，教育的成功带来的幸福感远远超过你的事业。

每个家长都是大智慧之人，在各自的领域中都是行家里手，有着过人的本领，但在教育孩子的时候，他们反倒成了低智商的人，为什么? 因为他们没有把孩子的教育作为一个课题、一项工程、一份事业。其实这是一份很大的事业，这是一件很值得做的事。经常反思会让你逐步走向成功。

教育没有惊天动地，没有鸿篇巨制，只是一个个小故事的叠加，但不是简单的叠加。这是一些有野心的人不屑，也不愿做的事。我想说，这份事业的收益是最丰厚的，你可以受用一生。即使你老了，也会发现这份事业回报率是最高的，付出十份就会有百份甚至千份的回报，甚至于无法计算的回报。

十年的时间，我们的事业可能才刚刚开始，却可以让孩子出类拔萃。我们只是用自己事业的闲暇时间去陪伴孩子成长，和孩子共同经历。当我们回首往事的时候，我们会满脸幸福，而不是一片空白，这样的父母才与这个称谓相配，"父母"不只是个名词，更应是个动词。

每个孩子都是一本厚厚的故事书，他们有太多值得我们品味的故事。只是我们往往急于创业，却忽略了生活中这份最美丽的风景。停下匆匆的脚步，我们会带给自己一份永恒的财富！

做一个有故事的父母，收获一份独特的风景！

伴生

孩子优秀了，孩子成功了，孩子幸福了，家庭也就幸福了，社会也就和谐了。

我是一个成功的家长。每个人对成功的理解不同，我的成功就是让孩子幸福。

有人可能会问：你的故事意义何在？我想告诉大家，教育的终极目标应该是幸福，而不是孩子考到了哪里。孩子的人生定位不同，成功的标准也不同。

我评价孩子成功的标准是，身心健康，有好习惯，内心善良，懂得感恩，学习成绩优秀。只有这样，孩子才有更大的提升空间、选择空间，才能真正做些有益于社会的事。

我的孩子很阳光，身心很健康。他各方面都很努力，是当代青年中的佼佼者。他的骨子里是善良仁厚的。当今社会，心理上有问题的孩子太多了。他们内心压抑，学习带来压力……太多的东西，无法排解。他们就像小树一样，当他们弯曲的时候，没有人来扶一把，他们没有宣泄的渠道。其实，我们每个做父母的都应该做孩子生活中的园丁，当他们倾斜的时候，就及时地扶一把，他们就可以自然地生长了。这是幸福追求的根！

每棵树的成长，都需要一定的扶持。我们在孩子的生活中，就应该扮演这样的角色，而不是代替他们生长。孩子总要独自飞翔，生命总要绽放。放开我们的手，给孩子一个温暖的港湾，让他们尽情地翱翔吧！

我在这里和大家分享我的教育故事，让大家和我一同见证儿子的成长历程，感受成长带给我们的那份满足与惊喜。这是一个有着色彩和梦想的童年！

我总能看到好多全职家长，他们将自己所有的精力都倾注到了孩子的身上，但孩子的教育仍以失败告终。他们觉得很痛苦和茫然。

我经常告诉自己还孩子一个童年，我做到了，我期待更多看到这本书的人也能做到。你让孩子拥有一个幸福的童年，你就会拥有一个特别优秀的孩子！

幸福是人类行为的终极目的和行为动机的真正本质，幸福力是孩子成长的原动力。围绕幸福教育，我提出了我的教育理念：伴生教育。

伴生教育不是简单的陪伴。陪是最基本的，而生在这里有四个方面的含义：生命、生活、生长和终生。家庭教育就应该这样一以贯之。

首先是对生命的认知。人们往往缺少对生命的认知与体验。每年全国会有许多青少年自杀，这是对生命的漠视。我们应该让家长明白生命的可贵，应该让家长对学生进行生命的教育，从而产生对生命的敬畏，让每一个人珍爱生命。

其次是对生活的体验。现在的孩子，除了学习，就是玩电子产品，生活的五味杂陈没有机会去体会。他们没有生活，让孩子过正常人的生活，让孩子对生活有所感悟，他们才能学会生活。

再次是对生长的感悟。每代人都有一个特殊的成长环境，每个孩子出生时都是一颗优秀的种子，但我们习惯于为他们遮风挡雨，不想让他们重蹈我们的覆辙，希望他们生活得更好，不用经历我们所经历的任何磨难。但是，没经历过风雨，怎么能见到彩虹？没有经过风吹雨打，怎么可能成长为参天大树？对孩子的成长我们不应该反思吗？

最后是对终生的诠释。陪伴是终生的。有一天我们老了，我们也在参与孩子生命的成长，我们没有办法延长生命，但可以拓宽生命的宽度。我们用自己一生的积累去成就我们的孩子。站在巨人肩膀上，你永远都是成长得最快的一个。我们不是巨人，但我们在这个世界上曾经走过，这何尝不是我们终生的付出与体会？

我们用最长情的陪伴，为孩子们创造最幸福的环境，幸福离我们还远吗？幸福就是在好的环境中挖掘孩子的潜在智商，培养孩子的高情商，让孩子生活健康、阳光和谐，让孩子自己享受优秀、成就卓越，让孩子去发现和寻求最佳的自我！从家风入手，让孩子思想得到潜移默化的影响；从家教入手，让孩子行动得到提纲挈领的引领；从家庭入手，让孩子立身处事得到升华。

本书是我的"幸福力"系列的第一本，主要讲述孩子学前和小学阶段的成长故事。还孩子一个真正快乐的童年，是让这个阶段的孩子幸福的大前提。

我认为，孩子学前及小学阶段的幸福力包括孩子的健康力、运动力、表现力、交际力、表达力、适应力、专注力、阅读力等，这些能力可以让孩子收获真正快乐的童年。欢迎您和我一起走进这本书，让我们携手踏上全新的旅程，带领孩子一起找到受益一生的幸福力。

第1章

在幸福中，拥有幸福力

唤醒幸福，从创建美好开始

幸福的诱惑

每个人从心底里都渴望幸福，我也一样。但幸福绝不是简单的大房子和豪车，而应该是对生命的孕育与渴望。

二十五岁那年，我结婚了，没有房子，我和爱人住在一个十几平方米的合租房里。我们没有任何的想法，因为我们知道没有能力养育孩子。于是，我们奋力拼搏。整整两年，我们放弃了所有的休息时间，一直通过各种途径打拼。终于，我们买了属于自己的第一套商品房，一个70平方米左右的家。我们只是为了想要自己的孩子，尽情享受幸福的生活。

小生命的到来是对年轻夫妻的一个最幸福的奖赏。

于是，电脑闲置了，饭菜不再对付了，我们每天以最好的心情来迎接生活。孩子如约而至。

每天和爱人遛弯，每天和孩子说话，每天和孩子讲着那些我喜欢而又古老的故事。从小鸡讲到小鸭，从小鸭讲到小鹅，从小兔讲到小松鼠，我和孩子分享着一个又一个故事。在故事中让孩子感受温馨、感受善良、感受勇敢、感受智慧。每天听着音乐，从轻音乐到钢琴曲，从流行歌曲到摇滚乐曲，孩子天生就带着那种节奏感，每当听音乐的时候，我都能感受到孩子有节奏地欢快地运动着。我很开心，爱人也很开心。那是和孩子度过的特别愉快的十个月。

儿子带来的不但有快乐，还有幸运。

怀孕期间，我加入了中国共产党，还通过考试、说课、讲课破格晋级为中级职称。我觉得孩子就是我的幸运星，孩子就是我的另一个世界。他带给我的是无尽的惊喜和快乐，这是我的另一个生命，是我幸福的源泉。

我爱孩子远远胜过爱我自己。要为孩子做好充分的物质和精神准备，否则我们就没有资格面对孩子，因为孩子需要幸福。既然选择让他来到这个世界，就应该为孩子努力创设最佳的生长情境，这是做家长的职责与本分。

当然也有不快乐的时候。在做准妈妈的时候经历了两件大事，至今让我难以释怀。

在怀孕四五个月的时候，我得了风疹，痒得厉害，可这个时候是不能打针吃药的。忍，那是太辛苦的一件事了，但只能忍，那是一份对孩子的责任，也是对孩子的一份付出。这就是幸福的感觉。为了孩子，我无怨无悔。

第二件事就是缺钙。很多夜晚，我都会突然一阵剧痛，腿就动不了了，四肢抽筋。老公马上起来为我拉伸，筋块慢慢地消失，过了很久我才可以动。默默忍受着痛苦，当母亲的动力支撑着我。痛苦总是短暂的，而幸福是一生的。

此时我终于明白了"不养儿不知父母恩"这句话真正的含义。那么多年我没懂，现在我终于有点懂了。父母的这份爱，是用一生都难以报答的。这是怎样的一份付出和牵挂啊！

暖心贴

当我们想要小宝贝的时候，不能是为了传宗接代，为了满足老人的需求，生完就让父母去带。这种心态，对孩子的出生与成长都很不利。

如果还没有想好自己去带孩子，如果还没有思想准备，那就暂时不要孩子；等到可以为孩子思考人生的时候，等到可以为孩子牺牲一切的时候，等到有足够耐心来对待孩子的时候，再去计划要孩子，那也不迟。

你会为自己将成为父母而感到兴奋、自豪、伟大，甚至紧张。你会体会到做父母的最大乐趣，孩子就会在这份努力、辛苦的期待中，在这份深深的思考中，在这份幸福的体味中降临！这样，孩子的人生自然就是幸福的了。

寂静的夜晚并不寂静

晚上带孩子，白天上班，确实很累，但一定要这样，因为这是给孩子安全感的最好的方式。

和老人能生活在一起，真是一种福分。真的特别感谢我的公公婆婆。

和公公婆婆在一起生活，少了很多的事。他们是在1999年来到我家的，因为我要生小孩子了，所以他们就来给我看孩子，我很感动。

其实每个人都有自己的生活，谁也不愿意给自己找些麻烦事。但他们主动来长春，放弃了自己在农村自由自在的生活，来为我看孩子，我没有任何理由对他们不好。

他们的身体都不是很好。农村的生活还是不如城市，无论生活条件还是医疗条件，都让人觉得不太理想。

他们来我这里的时候是五十多岁。他们都得过心脑血管疾病，所以我不敢也不

13

能让他们过于辛苦。于是，我决定晚上自己带孩子。从此以后，寂静的夜晚不再寂静。

我开始了白天上班、晚上自己带孩子的生活。说实话，确实很辛苦，但我发现，自己和儿子的距离拉近了许多，内心踏实了很多。因为一直在自己的身边，孩子一点点小变化自己都能看到，都能感受到。每当夜里起来，抱着孩子哄他时，真的很困，但看着孩子乌黑的小眼珠，你会觉得睡觉是一种太大的浪费了。

和儿子在一起，他会瞅着你笑笑，有时候会用小手摸摸你，有时候会用小眼珠看着你，带着一份期待和爱意。儿子长长的眼睫毛每每闪动时，都会让我有一种冲动，想拿尺子去量一下，到底有多长。

这种感受只有切身经历才会有，这种不寂静的夜晚只有这样的妈妈才能体会到个中滋味。

那些日子，我特别累，但又觉得特别有盼头，特别幸福。我忽然觉得原来多睡那么多的觉是对自己的不负责任，是对幸福的无视。

暖心贴

一直以来，我始终坚持要自己带孩子，这是我们能创造的孩子成长的最好环境。

有些时候，我们往往会走入一个误区，觉得孩子是给父母生的。其实，老人可以帮忙带孩子，但不能让孩子远离你，老人可以给孩子丰富的物质生活，但想让老人真正关注孩子的成长，了解孩子的内心，理解孩子的变化，那就太难了。

很多教育中有问题的孩子，大多不是因父母离异，就是老人带出的问题。确实，老人带过孩子，可他们那个年代的事情已经不适合现在的社会了。社会在发生着巨大的变化，人也会随着环境的变化而变化。

当我们的教育没有跟到位的时候，我们会发现后续需要我们做的工作太多了。最主要的是无论怎么做都会感觉力不从心，因为我们没有抓住"事半功倍"的机会，却在做着"事倍功半"的事。这笔账实在是有点亏，太不聪明了！

晨宇说

有时候会觉得爸妈在我生活中几乎无处不在，但看那些父母没空陪伴的同学，我还是觉得挺幸福的。多陪孩子玩一玩、笑一笑，孩子会很幸福。

没有翅膀，我也能飞翔

世界上所有的爱都是为了在一起，只有父母对孩子的爱注定要分开。印象中儿子一直在怀里，可他居然神奇地挪动了，他的人生开始了第一次飞翔。

从来不敢想，也没有想过，儿子居然会走路了。那么小，就像一个小球，抑或一个小东西一样，让你觉得太不可思议了。这就是生命的力量。

儿子很小的时候，是很胖的，四肢都胖得一节一节的，十分可爱。

后来慢慢地学会了坐，又学会了爬的时候，儿子就慢慢地瘦了下来，瘦得让人心疼。我一直在想：怎么把孩子养成这样了呢？

时常还有一种似乎孩子一直在怀里的感觉，可奇迹就是在这样的情况下发生了。

那天下班回家，当我打开门的时候，一反常态，儿子没有让婆婆抱着在门口等我，而是在客厅里边。

"你先在门口等等。"只听婆婆说。

我很诧异："为什么啊？"婆婆还没来得及回答，就看到一个小小的孩子，手脚似乎都不太协调，两只小手张开着，两只小脚却一下一下地往前迈，看起来要摔倒，却认认真真地向门口走来。确切地说，应该是有一个小东西向门口移来，尽管很不稳，但还是移了过来。我一下子把孩子抱在怀里，泪水不禁流了下来。

9个月零28天，儿子会走路了。

我享受着儿子成长中的一件大事，儿子会走路了！

人总说，孩子慢慢地长大，而且是在不知不觉中长大。可我没有这样的感觉，我忽然发现，儿子是在我面前成长着，我能看到，也能感知到。孩子的成长带来一种生命的律动！

我觉得肩上的责任更重了！既然选择了做孩子的父母，我们就有责任让孩子阳光健康地成长，我们就应该让孩子展翅飞翔。这一刻，这个想法深深扎根在了我的脑海里。

(暖心贴)

关注孩子成长的每一天是父母的责任，孩子的成长让我们增加了很多的幸福感。当人们都在谈及幸福的时候，我们在享受着做父母的幸福。

有些时候，我们觉得孩子还小，就忙于事业，把孩子扔给父母或公婆。每天在匆忙中，有时候可以看一眼孩子，有时候甚至几天都看不到孩子。实际上，我们错过了太多幸福的机会。成长中缺少了父母的关注，这在孩子的心中会留下很多不愉快的记忆，导致很多孩子与父母的关系不是很好，至少不是很融洽。

我们不应该总有自己的想法，总有自己的理由，总觉得自己很辛苦很累很委屈。孩子的人生不能重来，孩子的人生只有这一次。我们没有理由不去关心孩子。事业很重要，生活需要金钱，但当我们穷得就剩下钱的时候，我们还有没有回忆，还有没有对孩子成长的记忆？这是用一生都没办法弥补的憾事。

也许有一天，当我们有机会在物质生活和精神生活之间选择的时候，是不是该重新做一下定位和思考呢？

生活中最美的风景

朋友圈里总有人晒美景，但我觉得为孩子成长留下的每个瞬间，才是生活中最美的风景。

给儿子留下一些年少时的回忆，这是我一直想做的事情。写日记，只是断断续续，实在没有太多的精力和时间，而每每到一定时候，也真的写不动了。

有一件事，我还是一直在坚持做的，几乎每年都会给儿子拍生日照。我觉得每年孩子都会有很大的变化，最开始变化不大的时候，有时候是两年拍一次，但多数时候还是每年都会照一套的。

儿子喜欢照相，他会把姿势拿捏得特别到位。他很帅气，但始终自卑的就是自己的眼睛太小，而且还是单眼皮。这是儿子心中的一个痛，但他可是很会照相的人。

儿子两三岁时候的照片，拿过来之后，你就会有太多的冲动，想去啃两口。四五岁时候的照片，你会看到一个英姿飒爽的小伙子，无论是戴帽子的，还是拿枪的。总之，在他的照片中，你看到的是太帅气的一个小伙子。

等到再大些的时候，很多人都说，男孩子不愿意照艺术照，可我的儿子不一样，还是那样配合。他的照片，让你总会觉得有一份期待，有一份吸引。

后来我们照相的地方，花了三百元买了儿子的一张照片，挂在墙上，用作宣传。我真怕哪天有个星探把儿子发现了，那样就影响儿子学习了，还是希望他走学习之路。

儿子的照片是我一直想照下去的，可能要花一些钱，但我觉得这份美好的回忆是很值得的。特别是每年在照生日照的时候，我们都要照全家福。时光如梭，我发现岁月的痕迹不知道什么时候已经爬上了自己的脸庞。

正因为岁月如此无情，我才不想让孩子将来没有回忆。这样照的相片才有可能保存下来，平时的照片往往都会在不经意间弄没了。

如果有一天，儿子有自己特别大的房间，我就将儿子从小到大的照片全都贴在他的周围，让他感受自己的成长，有一份特别美好的回忆。这也是我作为母亲能做到的，也是我想做的。

每年一次拍照，见证的是孩子的成长，你会发现生活带给每个人太多的变化。我们每年留下点钱不算什么，但这份美好的回忆是无价的。

(暖心贴)

有很多孩子，从小到大照的相片都是有限的。每个家庭都有各种原因，有人就是不喜欢照相，他们有自己的生活方式，有自己留存生活的方式，但我觉得过于抽象了。

其实照相不会有太大的花销，而每年大家还会有份期待，让我们经历的生活都会留下一些痕迹。留下张照片不算什么，但至少知道我们还曾经年少过。

如果没有回忆，人生是很痛苦的。毕竟，我们的生活总会有安静下来的时候，如果自己的人生是空白的，那是多么可悲的一种生活状态。

美好的东西还是值得珍存的，特别是青春！

(晨宇说)

每年一套生日照是我妈一直坚持的，也是我妈认为极其有意义的事。谁不想在长大后看看自己一路的成长呢？一套套照片代表着一个个春夏秋冬，希望有更多的家长可以让孩子享受这种"特殊待遇"。

生活进行时

孩子在上小学时，每年领儿子去动物园是必需的事。小孩子都喜欢小动物。我觉得这是一种生活，生活总需要进行，需要延续。

儿子最喜欢看的就是猴子。一只只小猴子互相追逐嬉戏，儿子会学着小猴子的样子，挠挠耳朵，抓抓鼻子。

"妈妈，那只老猴子在干什么啊？"

"它在从同伴身上拾盐粒吃。"

"为什么啊？"

"因为它们的汗液里有盐，而食物中又没有盐，它们觉得盐分不够，就彼此拾取对方身上的盐粒吃，看起来好像在给对方捉虱子。"

"噢。"儿子似乎明白了，但还是在仔细地看着。

"它们是在互相帮助，这样才能解决大家的问题，只靠自己是不行的。"儿子似懂非懂地听着，仿佛他也是一只小猴子。

后来，儿子说过这样一句名言：帮助别人，快乐自己！

他始终在思考生活。

看到动物园里的大猩猩，儿子会学得有模有样，把自己丑化成猩猩一样，自己还笑话自己。

"孔雀怎么那么漂亮啊？它们怎么才能开屏呀？"

"你拿着美丽的衣服和它们比美，它们就会开屏和我们比了。"

"真的吗？"

"真的。你不信，咱们试试。"

于是，我们就在孔雀旁边动了起来，可孔雀没理我们。儿子很失望。孔雀怎么就不开屏呢？当然，这是没有定律的。

"可能它们今天没吃饭，没力气吧？"听到这样的猜测，我也是无语了。

"没事，哪天再来的时候，它们高兴了，就会开屏了。"

我们又看了狼。

"妈妈，那不是狗吗？"

"儿子，那是不一样的，狼和狗是有很大的区别的。狼往往都会和一些凶狠的人联系在一起，狗往往是很忠诚的，有的狗甚至通人性。"

我们还会看到好多动物，儿子还会提出好多问题。

其实，生活就是这样，成长是每时每刻的。

暖心贴

去动物园是孩子成长过程中必不可少的，我们可以把每一次的外出都变成一个扩展知识的机会。我们可以把我们所知道的讲给孩子听，这是互相学习、互相成长的机会。

教育是无声无形的，教育在生活的点滴中。

晨宇说

长大了的我们都不再对动物园充满向往，但那些动物总会给小孩子带来别样的乐趣。我一直很喜欢动物，包括各种动物小说。我觉得自然是最好的老师。

群体发声，共话成长

从小学一年级开始，儿子的家长会基本都是我去开的。无论多忙，家长会我一定会参加，因为从中可以全面、细致地了解孩子，从而更好地助力孩子成长。

我家还要做件特殊的事情，就是每次开完家长会，全家五口人都要认真地坐在客厅里，非常严肃地开一个会，群体发声，每个人都有话语权。爷爷奶奶要正式出席，因为他们也在孩子的生活范围之内。他们应该了解孩子的生活状态。特别是隔代人，很多人在教育自己的孙子、孙女，而他们离现在的时代太远了。

首先，在会上我们会对孩子表示肯定和表扬，把孩子的优点全说出来，让孩子有一份自信。这也是对这段生活的认可，孩子也会有一种被认同的感觉。

然后，谈全家人存在的问题。不能针对孩子去说这些事。其实，不但是家长会，所有的时候，对孩子的教育都要对事不对人，谁有问题解决谁的问题。孩子出现的问题一般不全是孩子自己的问题，这是应该先入为主的一个想法。要和大家讲清楚，定好位，看看问题是哪个方面的，是哪个人出了问题，大家一起去面对，而不是去指责孩子，和孩子说应该怎么做。每个人想一想，自己可以做什么，大家如何齐心协力把事情做好。其实，有些时候何尝不是大人的好心办了坏事？我们要勇于承认，给孩子做个表率。

最后，大家要把自己努力的方向、目标明确下来。其实，爷爷奶奶的"工作"是最有意思的，就是让孙子吃好，保证后勤工作。我负责孩子的教育，宏伟负责孩子玩好。文科有问题妈妈解决，理科有问题爸爸解决，大家一齐努力。这就是我们的"家庭会"，很实用。这样孩子有存在感，有仪式感。

我们平时对孩子的认知都停留在父母的角度。如果你喜欢孩子，你眼中的孩子就没有缺点，如果你不喜欢孩子，你眼中的孩子就没有优点。想想是不是这样？你的情绪往往都会带到孩子身上。家长会后的理性思考与分析更为重要。

（暖心贴）

西方人对孩子的教育很理性。他们特别重视孩子的每一次家长会，甚至全家要盛装出席，原因是让孩子明白教育多么重要，他在你的眼中是多么重要，你对他有多么重视。当这个观念扎根于心时，孩子会觉得你对他的教育很重视，自己的人生与学习都很重要。

有些时候，我们的认知还停留最原始的状态上，总觉得自己多挣点儿钱让孩子去好学校读书，这就可以了。实际上，我们走入了一个误区。家长会是家长参与教育的捷径，孩子的教育也是家长不断学习、不断反思的过程。只有反思，才能看到事情的好与不好，才能有机会适当地调整。努力为孩子的成长做事，这项事业取得的成就是一生的，是有形的，是有益于社会的。

晨宇说

我家一般在一个人去开完家长会后都会开一个"家庭小会"。去开会的那个人会回来详细地说一说内容和针对我的一些好的意见。我们都觉得这样的家长会效果特别好。

家庭民主让孩子更早独立

在我们家里，可能有着与别人家太多的不同。我们家解决问题最主要的方式，就是至少三个人参与，坐在一起召开民主生活会；如果会议扩大的话，可能就是五个人参与。

家里用民主生活会来解决问题，是一个家庭关系和谐的关键。召开这样的会议，一定是有大问题要解决。在我家里，经常进行民主生活会的地点是在我家的车上。每当我和老公一起去接儿子的时候，往往会探讨很多问题，有些问题自然而然就解决了。有些问题一时半会解决不了，那就得在另一个会场开会——我和老公的卧室。这个地方温馨，不会让气氛很紧张，适宜商量问题。

每到放假的时候，我们三个人都会坐在一起，商量假期的计划。每个人都提出自己的想法，然后大家进行合理的规划，最后落实到笔头。这样的话，我们过的就不是一个盲目的假期，我们可以事先筹划，做很多事情。我们可以安排打多少次球、看多少场电影、出外吃几次饭等。在生活会中，可以畅所欲言，这样就可以让我们的生活有条理、有质量。否则，一个假期似乎全都在忙作业，可最后也没忙完，还什么也没玩到。

家里遇到大事的时候，我们也得坐下来。像当时学不学奥数的问题，我们坐在一起讨论过好多次。这是大事，我们不会直接做主。我们不主张孩子太辛苦，但老师认为儿子可塑性很强。最后达成的共识就是去上课，但回家不写任何作业。儿子只是在听课，在家里没做过一道奥数题。

儿子学习任何一样东西，只要他提出来，大家就会坐在一起商量，这件事行不行、能不能坚持、做的意义是什么。反正，我们家里解决问题的主导办法就是这样的，往往这样下去，问题都会向好的方向发展。但事实上，不是所有的问题都可以解决的。

儿子有一个毛病，总也改不过来：桌子很乱，动作很慢。

我觉得他有依赖的心理，觉得迟早会有人替他收拾。他的理由很充分，就是学习太忙了。我们还是一直在努力改正他这个毛病。儿子也收拾过，还很有成就感地炫耀过。后来，他确实改了不少，因为大家都认为这是个问题。

孩子的潜力是无穷的，我们可以努力去挖掘。只要我们想了，很多事情是可以做到的，尽管不是所有的。

暖心贴

民主是每个家庭不可或缺的。孩子也是独立的人，他们也需要民主。我们有时往往忽略了这一点，只觉得家长要有自己的权威，但与孩子的距离却越来越远，没有办法相互沟通了。这就是一种教育的悲哀。

其实，每个孩子都渴望关心与理解。用大家都能接受的方式去处理，没有解决不了的问题，也没有过不去的坎。只要我们平静下来，问题会迎刃而解！

男孩哭吧不是罪

很多时候，我爱儿子超过一切，他是我生命的全部。儿子所有的活动，我都会尽心尽力去参加。

有次，儿子参加运动会，让我难忘，让我感动。

那是在幼儿园，儿子不到三岁的时候，他们小班也要参加运动会。儿子他们戴着小狗头具，看起来像一帮小狗要去抢骨头了。可是，孩子们并不太懂规矩。

孩子们不是很整齐地站在一端，另一端地上放着好多小狗骨头。老师喊了一声，大家就乱七八糟地跑向了狗骨头。孩子们跑来跑去，乱作一团。

每个人都抢到了一块骨头，可然后呢？好多孩子根本就不知道做什么，站在原地四处看。有的孩子在跑，也不知道往哪里跑。只听幼儿园的阿姨喊："把骨头给家长。"孩子们各自找自己的爸爸妈妈，场面异常热闹。

儿子也在找我，我也在努力向儿子跑去，结果儿子的骨头被人撞丢了。儿子哭着找自己的狗骨头，那个神情、那份可爱让我终生难忘。

"没事，我们可以再去找，丢了没有关系的。"

"可是，我们在比赛啊！妈妈，我的骨头丢了。"

他哭得满脸泪水。

"没关系，我们可以继续努力。"

男孩哭吧，这是一种自己没有成功的宣泄。那时候，他才不到三岁。

儿子在幼儿园受到了很多教育，画了好多画。班级门口和走廊的墙上，经常会看到儿子的画。话剧比赛中，儿子穿着小红衣服、小白裤子，伸着胖胖的小手，抹着红红的口红。最好笑的是，儿子抹完口红嘴都不敢动了，一直微张着。那是生命中满满的幸福回忆。

儿子的童年，自在、开心、幸福。

幼儿园给了孩子很大的空间，无论你有怎样的才华，在这里都有展示的机会；它还会不断地去挖掘孩子的优点，让孩子能够更好地成长。

暖心贴

孩子一定要去幼儿园，孩子一定要有群体生活。没有什么比集体生活给孩子带来的收获大。特别是在集体中，要让孩子参与各种活动，这样才能看到孩子真正的优点在哪里。

其实，每个孩子生来都很优秀，我们要给孩子充分参与的机会。让孩子多参与，给孩子机会，他一定能展示出自己优秀的一面。

让我们努力挖掘孩子最让我们自豪和幸福的那一面吧！

晨宇说

找不到"骨头"一直都是大家的笑料，但我只记得有过比赛，不记得有这件事了。然而，我依然记得有一个让我每天都特快乐的幼儿园。

陪伴是最长情的告白

玩在我家是一个永恒的主题，似乎没有什么事比和孩子玩更重要了，因为我知道，陪伴是最长情的告白。

最时髦的玩法

儿子的生活中，他的玩伴多数就是我。儿子玩"三国杀"，他回家第一件事就是教会我。我会努力去学，成为他幸福的玩伴。

"三国杀"不分角色，我们两个人可以玩得很高兴。有一段时间，只要他有空，我就会陪他玩。我们两个人斗智斗勇，每每都会打成平手。有时儿子赢我一两次，他就会很开心。

儿子的同学最羡慕的一件事就是妈妈能陪他玩"三国杀"，这是很多孩子连想都不敢想的事。在很多家庭里，孩子玩的东西是有严格限制的，很多东西是不可以拿回家的。但在我这里，只要孩子想玩，我就会不遗余力地给他买。他玩够了，就告一段落，关注点会转移。然后，他会关注一些新鲜的事物，不会出现迷恋游戏而不能自拔的局面。这可能也是孩子不成瘾的一个重要原因吧。

我一直坚信教育就像大禹治水一样，要采用疏导的办法。我总觉得人就像水一样，疏导好了，水到渠成，疏导不好，就会出现很大的事故。所以，正面引导孩子要比严加管教更为重要。

儿子喜欢魔术也达到了一定的境界。儿子买了好多刘谦的书和碟，时常会去读、去看、去揣摩。他学了很长时间，学着变一些简单的魔术。对于变魔术这件事，他没有更执着，就是喜欢。总会看见儿子在琢磨着书里的魔术，他会仔细去品，这个很重要。

和儿子一起玩，可以锻炼他的心性，磨炼他的意志。其实，玩只是一个形式，而真正的体验是孩子一生享用的财富。我们生活中教育孩子的任何方式，都只是一个载体。教育存在于无形中，存在于任何一件事中，甚至一句话、一个眼神、一个动作中。

教育于无形才是教育的至高境界！

每个家长都很优秀，每件事都可以从教育的角度出发，和孩子交流，可以不着痕迹，不让孩子产生反感，还避免了说教。

教育的方法有很多。无论哪种，都殊途同归，完全可以让更多的孩子接受更为舒服合理的教育，让更多的孩子成长得更为顺利。被动教育，孩子痛苦，家长更痛苦，如果可以，我们应该陪孩子开心地玩，陪孩子享受成功的体验，陪孩子享受幸福的时光。

高大上的玩法

总会看到电视里那些所谓的高端人士，拿着高尔夫球杆，看起来一副很了不起的样子。打高尔夫球好像已经是高层人士的一个标志了。

于是，在儿子小的时候，我就给儿子买了两种高大上的玩具，一套高尔夫球，一套保龄球。想从小培养孩子高贵的气质，还是就想任性地让孩子玩一玩？我也说不好，但儿子真的很喜欢。

儿子打保龄球是个太累人的游戏。

我需要在那里摆球，还需要为他捡那个投出去的圆球。说实话，陪儿子玩是一个体力活。有些时候，我就会和儿子要赖，说你捡一会儿吧，妈妈也想打。于是，我们就会一人一局，谁也不占便宜。其实，我更想让儿子觉得一切游戏都是公平的，不要让别人总是让着自己。

和孩子做游戏的时候，不要让孩子觉得自己有一种绝对的优势，这在社会上是不可能存在的。所以，无论陪孩子做什么，要教会孩子竞争永远都是公平的，甚至有些时候是不公平的。在这种情况下，要学着接受，学会去面对。

打高尔夫球的时候，儿子是最可爱的。他太小了，我们给他买的球杆也是缩小版的，让你觉得可爱、呆萌。

小屁股撅着、小腰猫着，他仿佛一个真正球场上专业的人士，站得很直，但又没办法很直。

然后，他去瞄准，努力地扬起胳膊。这个过程感觉他真的使出了吃奶的力气，然后就看到球轻飘飘地飞了出去。我知道原因，因为那个玩具球太轻了，打上去都没有太大的感觉。儿子费了好大的劲，打出去也没有多远，当然也不能太远，否则也没这样大的地方。

于是，我给他把球捡回原地，他又会做出自己特有的姿势，去打这个球。后来，儿子发现这样玩没意思，就自行把拿球杆的姿势改了，自己创造了一种新的玩法。看来，这真的是成年人玩的球，对于小孩子的吸引力不太大。

在儿子的记忆中，他可是玩过这两种"高大上"的球的人。即便长大了，他也会略知一二，这就足够了。

（暖心贴）

孩子就是一张白纸，我们让他经历多少，他的色彩就有多少。尽管只是玩玩具，我们却可以让孩子明白其中的规则，可以"照葫芦画瓢"去做一些动作。这是他们对生活的一种体验、一种经历。

让孩子开阔视野，可以从各个方面引导孩子。还可以给孩子一定的空间，让孩子自己去想象和创造。

有些事情是可以触及心灵的。有些时候，我们根本就不知道孩子为什么突然就长大了。珍惜我们身边出现的机会，也许能引领孩子走向辉煌！

防止语言疲软，及时补钙

很多人知道孩子从小要补钙，但可能很少有人听过这样的词语，补些"语言钙"。现在想想，这件事对孩子的影响还是很大的。

儿子的故事书很多，带孩子的时候通常都是我先把自己讲得睡着了，然后孩子才能翻来覆去玩一会儿再睡觉。后来，我发现这也不是办法，怎么才能解决这个问题呢？

在联合书城领儿子看书时，发现有好多故事录音带。我尝试买了几盒，发现很受用，儿子听得津津有味。我不知道录音带是什么时候放完的，也不知道儿子是什么时间睡着的，每晚都是这样。好处就是，儿子不累眼睛，我相对轻松些。

最主要的是，我发现故事对儿子的影响太大了。因为反复播放，儿子会记住那些故事，他会掌握好多的内容，他的知识量骤然增大了。于是，我买回了《宋词三百首》《一千零一夜》《中国民间故事》《中国词语故事》《中国神话》《增广贤文》等。儿子的故事录音带将近上百盒，儿子在这些传统故事的熏陶下慢慢长大了。

这样的语言环境让儿子积累了很多，可能很多东西记不得了，也有一些可能记混了。但是，我觉得在这个时候对他的语言真的是补钙了，儿子很能说，还爱说。尽管有时候他可能记不得，但他的兴趣却被提了起来，会在未来的日子中努力追寻这个故事，并进一步去了解。实际上，这提升了他读书的兴趣，也让他无形中增加了一些文学上的修养。

同时，儿子养成了睡前听东西的习惯，或练英语听力，或听传统故事。这是一种优秀的习惯，儿子收获了很多。

语言是孩子生存的一种本事。我们喜欢能说会道的孩子，不是因为他们多么出色，至少这样的孩子能把事说明白，也能把事想明白。培养孩子语言能力的方法可能有很多，大家不妨也让孩子补一补"语言钙"！

（暖心贴）

充分利用时间，让孩子从小就可以学会时间管理。在睡前这段时间，我们可以让孩子听很多录音。孩子用耳朵认识世界，眼睛得到了休息，孩子的思想也得以提升。最主要的是，孩子的睡眠也会很安稳。

孩子的修养不是一天养成的，在孩子成长的过程中，有些东西是潜移默化的。这些无形的东西往往对孩子的影响很大，可能不会立竿见影，但多年之后，我们会感受到孩子的变化。有常年的读书环境的熏陶，孩子的成长就会增加很多正能量，孩子就会向着更健康的方向成长！

（晨宇说）

每天晚上听磁带的习惯对我还是有非常大的影响。至少我现在知道各种历史故事，了解其中的哲理，对很多世界名著的故事情节也有印象。熏陶和潜移默化的影响很重要。

最贴心的朋友

儿子生活的世界就是书的海洋。人一生最为贴心的朋友如果是书，那这个人的人生将与众不同。

从儿子出生开始，我们家里就到处都是书。我没爱整齐的嗜好，我想让孩子生活得随意些。在儿子触手可及的地方，都会有书的存在，只要他想看。我从来没有怕儿子撕书。儿子也撕过一些书，但我都会把它们认真地粘起来，告诉孩子，这样再看起来就丢字了，就看不到完整的故事了，以后不能再这样做了。儿子开始可能记不住，后来喜欢书喜欢得不得了，和书成了朋友，他不再撕书了。到现在为止，儿子什么东西都可以给别人，甚至是自己心爱的玩具，就是不能把自己的书给别人。

儿子的书刊太多了。我不知道是自己的引导有效果，还是儿子的阅读兴趣本来就广泛。儿子从小喜欢看一些动画书，我们就买了好多的系列，有"皮皮熊"系列、"红猫蓝兔"系列、"十万个为什么"系列。他会反复读，可以说出哪页有什么故事，哪个故事在哪个情节上是怎么回事，仿佛都印在了他的大脑里。他读得很仔细。我一直搞不清一件事情，就是他在什么时间看书。在儿子身上，你才知道，时间真的就像海绵里的水，只要愿意挤，还是有的。书架上的书他都看过几遍，只要是他喜欢看的。

儿子看书的广度是很少有人能比的。儿子每年的杂志费用是在 1000 元以上。他还需要买大量的书籍。我从来没在儿子买书上有过任何条件，只要他想买，我就全力支持。儿子书买得越多，我心里越踏实，这要比其他爱好好很多。

儿子喜欢研究一些东西，在他的书中有好多化学元素、枪支、动物、人文等内容，就没有涉及不到的东西。你会觉得很繁杂，但他都喜欢，谈到任何事时他都会谈出自己的看法和观点。这些都来自他对书的兴趣。

儿子读书的习惯也有不太理想的地方，他不习惯把好的东西背下来。这是个缺憾，他只是接受了一些好的思想，没有把文学素养的提升当回事。如果真的把一些好的素材积累下来，人生可能大不同！

暖心贴

经常有人困惑不知道孩子读什么书。其实，买书的时候带着孩子就可以了，只要他喜欢，大方向没问题，都可以买。喜欢的书，孩子才能读下去，这样养成了习惯，他就可以再读别的书了。如果孩子没有时间，可以和孩子交流，需要买什么书。

如果孩子根本就没有想法，那就看简介，和孩子讨论，找到兴趣点，引领孩子看下去，让他逐渐对书感兴趣。最主要的是，只有了解了孩子，才知道应该给孩子买什么书。什么礼物都不如书籍！看书吧，可以丰富人生！

（晨宇说）

有兴趣才会爱读书，家长买来孩子不喜欢的书孩子也不会看。给孩子订一些他喜欢的杂志不失为培养读书习惯的好方法。

卫生间里的书香

我家的卫生间与众不同，满是书香，这也是我的一个心结。

儿子上厕所的时间实在太长了，不是因为有需要，而是养成了一种在厕所读书的习惯。我很无奈。

家里厕所的空间很大，在厕所的柜子上就放了些书。原本以为，在厕所里可以适当地看两分钟，结果儿子上厕所的时间越来越长了。

我查了一些资料，说上厕所的时间长对身体不好。于是，我好言和儿子谈这个问题。

"上厕所时间长，容易得痔疮，有时候对肠道也不好。"

"我知道，可我也没有上完啊，总得上完才能出来啊！"

"可你上厕所也太慢了啊，那样对身体真的不好。这些时间也可以抓紧做些别的事啊！你这样的话，把大把的时间都浪费了。"

"那可不是浪费，我都在看书，所以有时候一认真就忘了正事。"

儿子说的时候，一脸的无辜，一脸的无奈，似乎这事与他无关，他很被动似的。

"那也得想办法快点结束，你总得对自己的身体负责吧？"

"我尽力吧。"

看到儿子的样子，我知道这事没戏。没办法，谁让他一看书就停不下来呢？他总是这样，一发现时间无声无息地过去了，那他就一定是在哪里看书呢。

儿子看书的时候一点时间观念都没有，如果有事需要随时去提醒。就这个问题而言，我始终觉得自己做得太多了。一旦需要他快点的时候，一定得我和婆婆一起在他身边催，才可能有效果。

厕所里放书，是一个败笔，读书固然好，但让孩子缺少了时间观念。

其实，所有的事情都是有利有弊的，看你自己想要什么而已。

　　尽量不能让孩子身上的错误成为一种习惯。我觉得自己已经十分小心了，可还是让孩子存在了一些问题。上厕所看书，我知道这对身体特别不好，可儿子还是改不过来。我会经常提醒他，也许孩子在逐渐长大的过程中，可以认识到问题的严重性，渐渐改正过来。

　　我们应该努力让孩子成为生活中优秀的人。与其让孩子做一个蹩脚的生活者，不如让他养成更好的习惯，这样才能够更好地生活！

幸福无极限

　　想和孩子有共同的语言，那就得和孩子有共同的兴趣和爱好。我和儿子一起看了十多年的《快乐大本营》，我们的话题有很多来自这个节目。其实我们还一起看了好多节目，如《天天向上》《超级女声》《快乐男声》《奔跑吧兄弟》和各种动画片。这方世界是我与儿子的。

　　我们一起经历了《快乐大本营》的十多年。我和儿子每周六一定会拿一些水果和零食，准时坐在电视机前，一起开心过周末。

　　无论是时尚的歌星，还是各类牛人，无论是他们的歌声，还是他们的游戏，常会让我们开怀大笑。公公婆婆都会过来看，以为我们两个出了什么问题。

　　我们会经常演绎各个节目中一些狗血的地方。儿子会带给我最时尚、有意思的内容。

　　我喜欢这种感觉，因为自己和孩子的共同语言太多了，不会出现代沟。最主要的是，我会不耻下问，只要我有不知道的，一定会问儿子。这也是儿子特别开心、引以为荣的事，因为儿子同学的家长是不让孩子看的。他们觉得没有意思，还耽误学习。但我想说，学习有很多种，书本只是一个方面。

　　总有人问：为什么教育的效果不同？因为感情的远近不同。就像我们成年人一样，如果你身边突然出现一个和你关系不太好的人，他和你说几句所谓的良言，你会不会觉得这个人有问题？他是不是有什么企图？道理是一样的。孩子也是一个独立的个体。

　　我和儿子看这些节目的时候，我们有着特别多不经意的交流。我们会谈论对某个人的看法，会讨论对某件事情的看法。我们会发自内心地交流很多的想法，我们交流的内容没有限制，只要想说，什么都可以说。我觉得孩子会慢慢长大的，我们没有必要回避任何事情，所以无论是成人的问题，还是涉及所谓少儿不宜的问题，我们都可以公开讨论。儿子的生活中没什么禁忌，因为这些节目涉猎的范围是很广的。

其实看任何节目都是一个交流的机会，那是共同话题下的交流，是贴心的交流！

生活是多彩的，特别是孩子的世界。我们也需要多彩的生活，让我们参与到孩子的生活中去，你才能把握孩子的脉搏，你的心才能和他们一起跳动。

作为成年人，生活压力本身就大，也需要一份轻松的心情，这对于我们也是一种调节的方式。每个人都会不开心，都需要有一个宣泄渠道。更多的人可能会选择其他的方式，而我选择周六和儿子看电视，看过、笑过、说过，我觉得一周的疲劳就缓解了不少。最主要的是，我对孩子的愧疚也减少了不少，又可以把握教育的机会，何乐而不为呢？

《快乐大本营》陪伴了我十多年，每周带给我们全家欢乐，也让妈妈和我有了更多的共同语言，还潜移默化地影响我的性格和处世之道。多陪孩子看一看这些电视节目，家长也会变得年轻时尚。

经历是财富

好多年了，儿子的这个情节我一直记得。

刚刚上小学，有一天，儿子在外边和小朋友玩。闹着闹着，他们玩得有些不愉快了，出现了一些话语上的冲突。孩子之间这样是正常的，可我忽然听到从儿子口中出现了一句不应该出现的脏话。我没有说什么。

回家后，平静下来，我把儿子叫到了我的屋里。

"你今天和小朋友在一起是不是骂人啦？"儿子当时就低下了头。

"妈妈不怪你，但你觉得这样好吗？"

"妈妈，他们好多小朋友都骂人，不骂人的话，他们都觉得你不厉害。"儿子的声音很小。听到儿子的解释我能理解，但绝不能纵容。

"儿子，骂人是个人素质问题，就像狗咬了你，你总不能去咬狗吧？这个比方打得不好，妈妈要说，别人骂人是别人的事，他们有他们说话的自由，他们的素质不高我们也没有办法去管，但我们自己的素质很重要。你得做一个好人，一个让人看着听着就是个好孩子的人，你知道吗？"

儿子似懂非懂。

"其实，和你谈素质你可能不太懂。妈妈想说，别人都骂人，你不骂人，大人是不是觉得你是个不一样的小孩儿？他们会认为你是好孩子，对吧？只会觉得那些孩子没有人教育，你说是不是？你比别人好，你在这个社会上就会比别人机会多，才可能比别人出众。"

"妈妈，我知道了，我以后再也不骂人了。"

"其实，妈妈不想让你和大家不一样，可这件事不行，因为这种事情让人觉得太没有尊严、没有文化。什么人才会这样？是那些打架骂街的人，他们是社会大多数人所瞧不起的。如果人做成那样了，哪里还谈得上未来啊？"

儿子还小，但我必须让他知道，什么是应该做的，什么是不应该做的，怎么做才能让自己优秀，怎么做才能让自己在未来的社会中脱颖而出。

儿子后来和我说："妈妈，有些极特殊的场合，你的话语太纯洁人家是瞧不起你的。"我告诉儿子："你大了，你应该懂得什么是对的、什么是错的，什么会给你带来人们的尊重、什么会毁了你，你可以自己思考。如果你觉得真的必须那样做，你也可以做，但一定是经过认真思考所做的决定。"

骂人可能是一件小事，但看人首先就看从小事上体现出来的素质。

暖心贴

其实，教育是特别无奈的事情。家长对孩子的影响特别大，我们往往把对单位、对工作的不满，发着牢骚说了出来，但这对于自己和孩子都没有好处。与其这样，不如让我们学会自我调节，也提高了自身的素质。事实上，发牢骚或骂人是不解决任何问题的。

每个人都需要宣泄，这是很正常的。但作为家长的我们，可以改变一下宣泄的方式。我们改变的不仅是我们自己，还有孩子的人生！

晨宇说

小时候总是很矛盾，因为家里坚决不允许我骂人，而当小伙伴们都"出口成脏"时，依旧讲文明的人便成了怪人。现在明白之后，我觉得家长应该告诉孩子仔细体会什么时候该做什么事，什么时候不该做什么事。这才是为人处世最难掌控的。

暴风雨中的温情

和儿子在一起的每次经历，都让我那么难忘、那么幸福。和儿子的共同成长，是我一生受用不尽的财富。

儿子在小学三年级的时候，在家附近学奥数。

那天我去接孩子，天阴得很沉。我以为可以在下雨前到家，没想到瓢泼大雨从天而降。

怎么办？儿子弱小的身体一直靠着我。

我告诉儿子："没事，等雨小一点儿我们再走。"儿子有些发抖，我紧紧搂着儿子。可雨一直下，感觉没有任何变化。

不一会儿，起风了，大雨四处乱飞。尽管我们站在屋檐下，衣服也都湿透了。天一点点地晚了，可天空没有一点亮色，仿佛扣着一口大锅。

"要不，我们走吧，看这天不知道什么时候能停。"

儿子看看我："那好吧。"

在儿子的眼中，看到的是对我的依靠和信任。

"你抱着妈妈，妈妈打伞。"

我和儿子相互依偎着走入了雨里。好大的雨！一瞬间，我们的衣服全湿透了，脚下的水已经到了膝盖。儿子很小，他离水更近。

我紧紧搂着儿子，迎着风，护着儿子。那个时候才发现，无论自己多么高大，在大自然中都是渺小的。我们相偎而行。

一路上，电闪雷鸣，仿佛天要漏了一样。儿子弱小的身体紧紧贴着我，我意识到了自己的责任、自己的重担。我是为儿子挡风雨的。

儿子一直用小手臂紧紧地搂着我，一直在用小眼睛看着我。他的鞋、裤子、衣服全都湿透了，仿佛在水里一样。

我和儿子艰难地跑到了姥姥家，终于长出了一口气。这次经历，让儿子感受到的是母亲的伟大和踏实。

还有一次是儿子小的时候，我们去治眼睛，结果下雨了。儿子好小，我背起来可以跑。儿子在背上好开心啊！

每一次经历，都在我的眼前，我特别享受和儿子在一起经历的每一件事。你会感受到儿子对你的感情、对你的信任，你更会感受到儿子对你的感情逐步升级。他会慢慢地相信你，走近你，告诉你所有的心里话。因为你是他今生的依靠，他会深深地觉得妈妈无所不能，妈妈可以信赖！

暖心贴

现在条件好了，没有了这样的经历，实质上缺少了一个和孩子感情加深的过程。这个过程不是有意创造的，而是在无数次磨砺中，让孩子发自内心产生的。

其实，有些时候，机会就是教育。让孩子和你无话不说，教育就不像我们想象的那样难做了。这需要把握机会。

"跑雨"曾是我小时候最爱谈的事。我们在雨里从屋檐跑到自行车棚，虽然湿透了，不过有一种成就感。尤其是妈妈与我一起跑，更让我有一种踏实的感觉。与孩子"同甘苦、共患难"，会让亲子关系更近。

理解万岁

到现在为止，我还是觉得儿子有时候很好笑，但笑过之余，也能体会到内心的一种温馨和幸福。

小的时候，陪伴儿子的时候会很多。不知道从哪一天起，儿子有了这样一个理论：没在外面的地上吃一顿饭，就等于没出去玩。

在儿子三四岁的时候，我们总会去动物园看动物。那个时候，他走不太远，所以我们经常停下来休息，找个地方，铺块塑料布，再加一些报纸之类的东西。他会脱了鞋，在上边玩一阵子，然后再四处跑着吃一阵子。

多数时候，我们都会在野外吃顿这样的野餐，回来还会让他认真吃饭，可他总不记得回家吃的饭。

有一次，我们又出去玩了，那时儿子也有五六岁了。因为他长大了些，所以我们一边走，一边找个椅子就在路边吃点东西。

等回到家的时候，儿子不乐意了。

"怎么了？妈妈的宝贝儿子怎么看起来不太开心呢？"

"妈妈，今天我们也没玩啊！"

"啊？我们不是刚回来吗？"

"可我们也没有野餐啊？"

"我们野餐了。我们吃了好多东西，你忘了，坐在椅子上，还有在路上，我们边走边吃的。"

"那也不算野餐啊！那怎么能算？"

"那野餐什么样啊？"

"总得铺在地上一些塑料布，然后再铺些纸，我们都坐在上面，大家一起吃。"

看着儿子特别认真的样子，我笑得都直不起腰来了。

"儿子，我们在动物园吃的那些不正规的饭，都可以叫野餐；反正也没正式上桌子吃饭，不一定非得把塑料布铺在地上，坐在那里吃的。"

"可我喜欢那样。"

"那好，以后我们再出去，我们还那样，总可以了吧？"

儿子不再不高兴了。现在有时候提起这件事，儿子还觉得有些不好意思呢。

（暖心贴）

　　生活给孩子的每个故事我们都要珍惜，每件事孩子都需要经历。在孩子的世界里，他们的生活是多彩的，我们应该让孩子有自己的童真和童趣。

　　孩子给我们带来的是无尽的欢乐，这份欢乐需要我们去捕捉。常年的陪伴，你会发现孩子成长中的点点滴滴都会装在你的心里，那是一种无以言表的幸福体验。老人常说，不养儿不知父母恩。我想说，不陪儿不知做父母的幸福，也没有办法感受父母给自己带来的幸福，也没办法让自己更孝顺。

暖心话语，浸润心灵：经常和儿子讲的 20 句话

　　温馨的话语会让孩子每天生活在一个幸福的环境之中，感受到幸福，感受到温暖。教育是一个耳濡目染的过程，需要慢慢沉淀，需要慢慢调适，让孩子在长期的话语中不断地被熏陶。

1. 儿子，妈妈想让你幸福啊！

2. 儿子，妈妈有你很幸福啊！

3. 加油，宝贝！

4. 晚安，宝贝！

5. 抱一下吧！

6. 贴一贴呗？

7. 没关系，有妈妈在！

8. 你一定行的！

9. 不怕，咱们再努力！

10. 结果无所谓，因为我们努力了，是吧？

11. 我们可以探讨一下的，你觉得呢？

12. 没有解决不了的事，也没有克服不了的困难。

13. 妈妈只是告诉你事情的利与弊，剩下的自己做主吧。

14. 心要沉下来，才能做好事。

15. 做自己的主人！

16．对别人好，别人才可能对你好，不好也是正常的。

17．积极面对每件事，高兴是一天，不高兴也是一天，为什么不开开心心地过呢？

18．调整节奏，走出自己应有的步伐。

19．总结自己的问题所在，人总要在解决问题中长大。

20．做宽容的人，做大气的人，做包容天下的人，因为你是男人！

拥抱幸福，对生命充满尊重和敬畏

真理面前人人平等

有些时候，大人做的事情是没有道理的，但在孩子的心里却会产生很大影响，可我们从来都不太注意。为此，在我的家里，总要有个讲理的地方，总得有个公正的说法，好在公公是通情达理之人。

在家里，爷孙两个是一个永远不断的话题。我们家里的分工十分明确，奶奶照顾孩子的生活起居，爷爷负责外围接送。在教育上，文科问题归妈妈解决，理科问题归爸爸解决。这是我们家里约定俗成的规矩，也没人打破过。

孩子和爷爷在一起时往往都是在外围。在交通问题上，儿子做过几次严正的声明。

公公在五十多岁的时候，得过脑血栓，一只耳朵根本听不见。他俩的纷争就此产生。

公公接送儿子一般都是在近处，他怕孩子走不动，所以会骑自行车，儿子坐在后边。

儿子是个很守规矩的孩子，胆子小，不会去做违规的事。公公是上一代人，规则意识相对还是差一些。

那天，儿子是先跑上来的，公公好长时间才上楼，两个人的表情都不对。最有权威解决问题的我出现了。

"这爷俩怎么啦？"

"你问我爷！"

"你问你儿子！"

看来事不小啊。

"怎么了，儿子？"

"我爷爷太气人了。他怎么能置自己的安全于不顾呢？"

"儿子，息怒啊，怎么这么严重呢？"

"爷爷骑车总会往路中间偏，我总是努力往外边歪。特别怕他一直骑到路中间，多危险啊！这是我努力能做到的。可过路口的时候，我爷爷不遵守交通规则，什么灯都过，他的耳朵还听不见车的声音。我在后边坐着，感觉特别害怕，车就在身边飞快地开着，离我们很近，都红灯了，还在车流里过马路。这样过多不安全啊！"儿子满脸委屈，我没吱声，看了看公公。

"那不是没事吗？不也过来了吗？"公公显然被说得脸上有点挂不住了。

"儿子，守规矩是对的，过马路一定要遵守交通规则，不能闯红灯，妈妈支持你，但你和爷爷的交流方式不对，你应该和爷爷好好说。"

"我说，他也不听啊！"

"那你可以反复说，也不能和爷爷生气，爷爷接你多辛苦啊！"儿子不再说什么了。

"爸，这件事上我得支持我儿子，我是站在理上说话。您想想，晨宇说的是对的，安全是最重要的。你们两个过马路真得遵守交通规则。我们得让孩子明白对的东西。您总严格要求孩子，自己都不给他树立榜样，孩子以后学的是什么啊？那得多危险啊！"

公公婆婆就这点好，讲道理他们是不会生气的，但这个道理得我讲，老公都不行。

"这个臭小子，安全意识还挺强呢！""这不是好事吗？""行，以后听这个小子的。"

家，还是那个家，还是那样温馨和谐，感觉更温暖了。

暖心贴

大人就是权威的时代已经过去了。有些时候，我们会发现，我们的想法往往不见得比孩子的好多少，我们其实也有很多不好的习惯。我们不应该把成年人的观点强加到孩子的身上，特别是代表自己所谓权威的错误的东西，也不能因为自己的面子而混淆视听。

我们需要做的，就是为孩子树立榜样。身教更重于言传，让孩子明确对与错，让孩子知道如何面对错误，孩子在错误中就会不断地成长。

晨宇说

爷爷奶奶很多时候没有法律意识，不太守规则，小时候的我一般都会直接指出。我想，大人能够承认自己的错误，这会引导孩子继续去做对的事，否则我们真的就混乱了。

爱在冬日

长春的冬天很冷，我不太愿意让儿子出门，总怕儿子感冒。但是，后来觉得这种想法是不对的，男孩子连寒冷都抵御不了，还能做什么？

爷爷最爱做的事，就是领着孩子去劳动公园抽冰猴和坐冰耙犁，其实这是我不愿意让儿子做的，原因是怕冰面冻得不够结实，怕出安全问题。但是，总不能因噎废食啊！于是，我就此事认真地和孩子讲清楚：一定要看清楚冰面，不结实绝对不能去上面，那是不安全的。还有，要看清楚前后左右，不能因为自己一时兴起，玩得开心，伤着别人。如果不出问题，怎么开心怎么玩。儿子认真地听，也会认真去做。

于是，冬天一到，劳动公园就成了儿子的乐园。儿子玩得非常开心。他手里拿着鞭子，嘴里念念有词。小冰猴，别说，儿子抽得还挺熟练呢！儿子的小手小脸都冻得通红，他也不说冷，满脸还带着兴奋。原来这才是孩子，这才是孩子最需要的。

儿子的胆子一直很小，我以为他不一定敢坐冰耙犁，可发现儿子也能放纵一下。尽管很小心，他却很开心，而且总是张罗着让爷爷领着他去玩。

北方的孩子，就应该体会北方生活的乐趣。后来，我想，让孩子出去玩是对的，母亲的细心可能导致孩子少了很多历练的机会。

一到冬天还有一件事，就是过年放鞭炮的问题。以前，从小年开始就允许放鞭炮。很多家长都不让孩子放，担心存在安全问题。但是，我直接克服了做母亲的心理，让孩子多了一份体验、多了一份生活。

大姨夫特别疼爱儿子，一到过年，就要领着儿子出去买鞭炮，他会由着儿子的性子来。儿子就这样招人喜欢，没办法。这种情况下，我就和儿子说好，一定要注意安全：不能用手拿着放，点燃后离得远一点。做事总得有这种意识，否则将来离开父母自己生活，父母怎么能放心呢？我知道，这些事只要和儿子强调到位了，就不会出现太大的偏差。

于是，每到过年，我们也会领着儿子，作为一件大事，大张旗鼓去买鞭炮，抬回来的总是一大箱子，让儿子尽兴去玩。我们也会参与放鞭炮，一方面和儿子在一起好开心，另一方面可以监控安全问题。

这才有年味，这才是生活！

（暖心贴）

"没有规矩，不成方圆"，对谁而言都是对的，特别是对孩子的教育。规矩是不能打破的，对孩子的教育应该做到宽严有度，和善而坚定。我们不能根据自己心情而定，高兴了，孩子什么都行，不高兴了，就什么都不行。这样不利于孩子的成长，因为孩子学不到规矩，学不到对与错。

我们把任何可能出现的问题事先说出来，让孩子受益，这样孩子在做事的时候就不会出现太大的问题，我们也教会了孩子一种思维方式。

最难忘的战斗

我和儿子特别喜欢看外面的小动物，比如麻雀，我们会追来追去，其实是追不上的。我们会看雨前低飞的燕子，它的尾巴真的像课文里说的一样，像一把剪刀。我们两个最爱做的事是看蚂蚁。

院子里总会发现很多蚂蚁。儿子最喜欢的就是用草棍和水枪逗蚂蚁了。

一次，儿子看到了成队的蚂蚁在忙碌。

"妈妈，快看啊，蚂蚁在搬家呢！"

"是啊，它们搬了那么多东西，多有力量啊！"

"妈妈，它们那么小，可还是搬得动那么多东西啊！"

"是啊，它们虽小，可它们团结，它们很用心，它们很努力，是不是啊！"

"嗯。"儿子似懂非懂地看着蚂蚁。

"妈妈，你看，我帮帮它们。"儿子用一根小草棍推了一下小蚂蚁，结果蚂蚁失去了平衡，东西掉到了地上。儿子很遗憾地看着蚂蚁。

"儿子，不用帮，它们有自己的方式。"

儿子有滋有味地观察着。"妈妈，你看，它们几个搬了一个东西，好像那个东西不重啊，怎么那么多只一起搬啊？"

"儿子，对于你来说不重，可对于小蚂蚁来说就太重了，它们的重量会是蚂蚁重量的几倍，所以它们必须团结，必须一起努力，才能把东西搬走。"

"是啊！"看着儿子满脸的思考，我觉得儿子将来一定能行，因为他做事太认真了。

慢慢地，儿子稍稍长大了。长大的孩子应该更加调皮了。

有一次，他拿着水枪，好大的枪，好多的水。

"千万别对着人啊！"

"我知道，妈妈，我去浇小树，我为它们浇水。"

"好啊！"

可好景不长，他浇着小树，发现了正在忙碌的小蚂蚁。

"妈妈，我看到了蚂蚁洞，好多的蚂蚁啊！我要浇浇小蚂蚁。"他边说边把水枪对准了蚂蚁洞口。蚂蚁可能从来没想过会在大晴天的时候，突然下起大雨，于是乱作一团。儿子认认真真地浇着小蚂蚁。

"妈妈，你看蚂蚁会游泳啊！怎么浇它们都不死，它们会浮在水面游来游去。"我以前真的不知道蚂蚁会游泳。

"儿子，别浇了，它们会死的。"

"不会的，妈妈，你看，它们都在努力地游着。"

"儿子，它们也是生命啊！我们应该爱护每一个小生命的，你说是不是？"

儿子停下了手中的枪，做出了常有的思考状。

小蚂蚁真的好可爱啊！儿子更可爱！

（暖心贴）

教育孩子渗透在点滴生活中、潜移默化中。我们不能每天都对孩子说教，但我们每天都可以和孩子经历很多的事。

当遇到一件事的时候，我们要把思考说给孩子听。也许他今天听过就忘记了，但经常性地讲，会在记忆深处不断地体会，不断地强化。迟早有一天，这种对生活、对生命的认识会出现在他们的生活中，也会出现在他们的思考中。

（晨宇说）

观察和用水枪喷蚂蚁是我小时候的两大爱好（虽然后一个不太好）。自然界中每件事都有它的哲理，留心观察后，很多道理在家长的引导下会深深扎根在孩子心里。

爱在每个生命前

找个农村的婆家，最大的好处就是给孩子提供了去体验生活的空间。

辽宁朝阳，地方干旱，土质偏红色，在火车上看到山上都是石头。

在儿子两岁的时候，被爷爷奶奶带回去一次。从此，只要是暑假，公公婆婆回家，儿子多数都会跟着回到农村去玩一阵子。儿子回来的时候，小脸黑黑，一看就是天天在土里玩的小孩。我喜欢这样的孩子，土养人，这样的孩子结实。

在农村，儿子可以做很多城里孩子做不到的事。儿子最喜欢的事就是放羊，拿根小树枝，或者是一个大蒿子，举过头顶，像模像样地赶着一群羊。当羊在叫的时候，他自己还会吓得往后躲。喂鸽子也是儿子的一大乐事，他会手里抓着几粒苞米，站在离鸽子不太远的地方。他不太敢靠近，胆子就是小。他会把苞米扔过去，很小心，怕把它们吓跑。儿子谨慎的样子，让你觉得真的不知道是鸽子怕他还是他怕鸽子。更有意思的是给兔子喂菜叶。兔子要比鸽子大很多，儿子喜欢它们的那种白色，当然也害怕，因为它们的牙齿是可以咬人的。所以，儿子会努力让它们吃到菜叶，又要保障自己安全。看着儿子对小动物的这份爱与善良，我知道这些都是骨子里的东西，他天生对生命有着一份关爱和敬畏！

儿子仿佛与这些生活就是融合的，我很喜欢。自己生在农村，长在农村，其实能感受到骨子里的本分与善良，这份灵魂深处的东西是学不来的。可能有的人觉得农村不太干净，其实不是这样的，泥土才能真正孕育孩子的性情，那份质朴、那份大气、那份包容，会悄然滋生在孩子内心。

有时候，我们会觉得，孩子去农村，会存在卫生问题。事实上，农村的一草一木，都会给孩子提供一个最好的教育机会。

其实，农村只不过是土多了些。土是用来养人的，孩子如果每天可以玩土，那他是健康的。实际上，对生活的认知和体验，在真正的农村才能让孩子感受到。

让孩子去体会，他们才会有对比，才会有思考，对人生、对学习、对自己的未来都会带来好的影响！

感恩大自然的馈赠

荷花一直是我小时候的一个梦，我的第一期手抄报的名字就叫《小荷》。我喜欢荷花，喜欢它的色彩、它的清高。儿子似乎继承了我的喜好，他对荷花也情有独钟。

我们学校有一片荷花池，我总告诉我的学生，我们校园有一片海。我觉得在我的世界里，那里有大片我喜欢的荷花，是荷花的海洋。每当到了夏季，到了荷花开始出现的时节，我会努力记住每一片叶子、每一个花瓣。

儿子每年都要和我去学校赏荷。他喜欢荷花，会抓拍到很多美好的瞬间，他还会仔细地为我讲解。

儿子会拍那些挺立的莲蓬，它们高傲，迎风而立，周围蝶飞蜂舞。

"妈妈，你看，多挺拔！多可爱！"儿子会用小手指着。

"妈妈帮你去弄一个啊？"

"不行，它们离开水就会死的。"

看着儿子的样子，我是不会去破坏这个风景的。

“妈妈，看那片荷叶，多好看，上面还有水滴，水滴在那里不动呢！”

这是水中的一道风景，水滴会存留在荷叶上，真的很美，很神奇。

“妈妈，看那个大的荷花花瓣，好大，好漂亮！那么粉，粉嫩粉嫩的。”儿子的话还不是很清晰，但他知道荷花的美。

“‘莲，花之君子者也，出污泥而不染，濯清涟而不妖’，说的就是荷花吧？”

“这你都知道，你也太厉害了吧？”

“当然，我们老师领着我们背过，真的是出污泥而不染啊！”

看着儿子装作沧桑的样子，我有一种想笑的感觉，但觉得自己有点太煞风景了。

“做人也应该是这样的，人说‘常在河边走，哪有不湿鞋’。我觉得其实像荷花这样的人挺好，别人怎么不好是别人的事，我们还是应该坚持自己的。你说是不是啊？”

“是啊，我就不喜欢同学之间那些乱糟糟的事，真的！”

看着儿子一脸的正经，我真的乐了。儿子就是个小大人，他喜欢想事。这与我有关，我总会和他谈一些事。有些词他记得，但很难搞清楚。他会说出“同流合污”，但不知道其深刻的内涵。我会认真向他讲一些做人的道理。虽然小的时候不理解，终会有理解的一天。孩子的骨子里还是要培植正义的种子，孩子的骨子里还是要有份善良和美好的。他可能不懂，但他会努力去理解，这就足够了。

暖心贴

古人总会有好文章，因为他们在感受自然的同时，一直在努力探究内心的想法。人生总是要在自然中留下痕迹的。我想现在的人同样如此。我们没有理由在大自然面前一无所知，一脸的茫然。我们应该在自然中感知自己的存在，感受自然带给我们的哲理。

多带孩子出去玩是很好的事情，既开阔了孩子的视野，让孩子亲近自然，还可以在欣赏风景的同时，让孩子体会大自然的伟大，让孩子从自然中感悟人生。我们应该感谢自然，应该尊重自然！

承载幸福，种下你的健康树

美有千种，各有不同

美的标准不同，所以每个人的追求也不同。母乳喂养对于太多的母亲来说，是不愿意接受的事，因为怕影响自己身体的恢复。我觉得用母乳喂养的妈妈，可能没有特别好的体形，但我觉得也是最美的。美有千种，各有不同。

儿子出生时8斤2两，是个红脸大汉。孩子出生比预产期晚了一个星期。儿子在我肚子里的时候，羊水的质量都不好了，有可能和我得过风疹有关，所以孩子出生时脸就是红的，而且还有湿疹。

之所以剖腹产是因为当时孩子脐带缠脖，而且孩子太大，没办法顺产。从孩子成长的角度来说，是应该顺产的，但我没有办法，我只能做我能做到的。我选择了母乳喂养，因为从医学角度来说，母乳喂养是最科学的，对孩子的成长是最好的。

其实奶水不够的时候我也想过用奶粉代替，可事实上任何奶粉都不如母乳。我觉得用母乳喂养，只是尽了一个母亲的本分而已。

于是，我家旁边市场的猪蹄可遭了殃。只要喝了猪蹄汤就有奶。那是十分痛苦的一年，因为猪蹄汤里什么都不能放，特别是不能放盐，怕孩子咸。这个汤有多难喝也就可想而知了。当然，这一年也是最幸福的一年，看到儿子吃饱满足的样子，其他一切就太不重要了。

孩子吃母乳自然身体就好，在同龄孩子中身体是最好的，这不能不说是母乳喂养的功劳啊！可我的体重再也没有减下去，乳腺一直有问题，恢复得不好。这都是幸福生活的一点小小的插曲，根本就不算事。其实，不去喂孩子，乳腺就一定能好吗？不去喂孩子，自己的体重就一定能减下去吗？其实，这一切应该和孩子没有太大的关系吧？

（暖心贴）

其实我自己走入了一个误区，因为就在我怀孕期间，听到了这样两件事：一个是我的同事家的孩子，因为没有用母乳喂养，没有好的营养，在五岁的时候腿还是弯的，很难正常走路。我总觉得这位做母亲的太在意自己的体形了。还有一个是我同学，怀孕期间，吃什么吐什么，孩子营养不良，从小就开始住院，一直到六岁。

当然，这些可能是特例，但毕竟发生在我的身边，所以我是不可能让我的孩子重蹈覆辙的。但是，我做得有些过了，因为体重太大，自己的生活质量也受到影响。所以一切事情都应该有个度。当然，我还是赞成让孩子营养到位，让孩子更健康应该是前提。

生完孩子后，我们担心自己的体形，有时怕恢复不了，所以不喂奶。但我们应该知道，母乳可以让孩子在前六个月提高免疫力。既然我们享受做母亲的幸福，也应该享受这六个月的付出。和孩子未来的健康成长相比，我们的身材应该没那么重要。

让孩子幸福，我觉得这应该是母亲一生的幸福！

爱就大声哭出来

儿子总说我这个当妈的任性，那是真任性。我怎么都没有办法接受儿子打针的事实，因为实在不想让针扎在儿子的身上。

母乳喂养的孩子免疫力相对要强，六个月前一点问题都没有。儿子在不到一岁的时候生病了。这让我措手不及，原因很简单，我没办法接受在儿子的头上打吊瓶的事实。

看到孩子蔫了，我心里很不是滋味。我十分愧疚，觉得自己好没用。那真的是发自内心的痛啊！

儿子躺在输液的床上，瞪着乌黑的小眼睛四处看。他不知道什么是扎针，更不知道这是他人生中第一次体会痛的感觉。对他而言，一切都是新鲜未知的。

医生在认真地配药，孩子在认真地看，我的心却一直很忐忑。我不知道会发生什么事情。医生开始用棉签擦拭，可能是有点凉的原因，儿子的眉头皱了皱，似乎感觉到了什么，然后预想的事情就发生了。当医生用针扎到孩子头上的时候，清脆的哭声瞬间就爆发出来了。看到儿子哭，我一直在忍着，不知道为什么针扎的不是我，而是儿子。

儿子的血管不好，这一点特别像我，果然一针没有扎上。儿子在痛哭，我的心在痛。我跑到了医院的外面，医院里留下了老公和婆婆。我跑到了一个听不到儿子哭的地方，内心又很忐忑，不知道打上针没有。我在那里无声地哭着，仿佛时间凝滞了。

感觉过了好长时间，老公出来告诉我，没事了。

我进去，看到了头上打着吊瓶、躺在那里玩的儿子，心里有一种说不出的滋味。儿子输了几次液就好了。这一次之后，我发现我也坚强了很多。儿子经历了他人生中的第一次痛。他居然学会了一招，那就是得抱抱。都说小孩子生一次病，长一个心眼，看来不止一个啊！他感觉到了我们在他生病期间对他格外疼爱，他似乎明白了什么。实际上，这也是孩子在成长的过程中一份必不可少的人生阅历啊！

暖心贴

生病是难免的，一生当中总会出现这样的事情，放手让孩子成长是对的。

我对孩子投入的感情过多，或者说把和孩子的感情看得过重，这一点其实我做得不对。但在意孩子的身体是很重要的，身体是我们做任何事情的本钱，是我们人生拼搏的资本。

对待孩子，我们关注孩子智商发展的同时，也应该关心孩子身体的发展。这也是孩子未来幸福生活的关键！

晨宇说

对我而言，输液一直是一件挺痛苦的事，因为真的摸不到血管。所以，小时候一直在头上扎针。说实话，真的比别人疼，但更重要的是每次扎针似乎我妈都比我疼。据说当时我妈比我哭得还大声。其实我很怕扎针，每次在医院最少两个人守着我，后来懂事了心里也会过意不去。这也是我后来积极锻炼的原因之一。

痛在心头

一生的憾事

儿子的眼睛是我很注意的一件事，但还是留下了太多的不开心。

我和老公的眼睛都近视，特别老公是高度近视。面对这样一个遗传问题，我不能不做一下深度的思考。

我曾经打听过很多这方面的事情，也曾经做过很多的准备，但还是失策了。这是我一生永远都没办法抹去的痛。

刚刚出生的儿子，小眼珠是乌黑溜圆的，看起来是那样调皮。最主要的是，他的睫毛特别长，让我知道什么叫忽闪忽闪。每当喂奶的时候，儿子掉了一根眼毛，我都会量一下，有一厘米长，太可爱了。

我一直信守一个原则，就是孩子一定要喜欢读书，这样才能有一个好的未来。

我也这样做了，从小就给他读书，每天、每时、每刻。让我感动的是，只要我给他读，他就会认真听。

儿子在三岁多的时候，居然可以自己看报纸了。我太高兴了，我真的兴奋得不得了。什么叫让胜利冲晕头脑？我就是。

那时我正好带毕业班，累得不得了。晚上回来给儿子读故事的时候，多数时间都是自己先睡着了，儿子还在看书。后来发现，他完全可以自己读书了。于是，我放松了自己，自己先睡觉，儿子在我旁边自己看书。就这样，可怕的事情发生了。谁说孩子早认字好啊？用眼太早了。不到两个月，我就发现儿子的眼睛不太对了，感觉孩子看东西的感觉怪怪的。

到医院一查，儿子近视了。因为用眼太早、用眼过度。

本来十分在意的事情，居然在我的大意之下，变成了这个样子。

我没有办法原谅自己。我到处找治眼睛的地方。其实，试想一下，如果那么容易治好，社会上就不会有那么多小孩子戴眼镜了。我去过各种治疗的地方，孩子也跟着遭罪，但效果都不太好。

后来，听说打乒乓球有用。于是，我就领着儿子去打乒乓球。儿子当时的身体十分瘦小，连案子都够不着，但我还是坚持让他打。因为打球时眼球动的速度和频率要高很多。

打球倒是维持了一段时间，结果教练搬走了，想再找这样合适的地方太难了。于是，打球就中断了。儿子的眼镜一学期一换，一学期增长50度。每次换眼镜我都很心痛，都很愧疚。真的不要让自己留下一生的痛。

暖心贴

戴眼镜的孩子很多，但我真的不希望我们的孩子就是其中的一个。

同事家的孩子就是坚持学乒乓球，一直没有近视。我对她打心底里佩服。这才是真正合格的妈妈，在这件事上，自己太失职了。

如果自己的坚持可以换来孩子的一双不近视的眼睛，我们有什么理由不去认真做呢？不要像我，人生真的没有后悔药啊！

及时关注孩子的眼睛，注意用眼卫生，近视还是可以避免的。

晨宇说

我的近视一直是妈妈的心结，想了各种治近视的办法，但也仅仅能缓解而已。重要的是从小养成好的读书习惯，而不是像我一样趴在床上看，成为高度近视才调整。

另一个心结

儿子的湿疹一直以来都是我内心的另一个痛。

在怀孕期间，我得过一次风疹，全身很难受。因为是在怀孕期间，所以不敢用药，我也只能自己承受着难挨的痛苦。我以为这样对孩子不会产生什么影响，但后来儿子的湿疹很严重，我想和这个是有关系的。

我的预产期是1999年4月28日，可生儿子的时候都已经是5月6日了。老人都说男孩是不懒月的，可我儿子比预产期晚了一周多。最主要的是我到生儿子的时候还没有痛，只是检查的时候，医生说有些脐带缠脖，羊水也不太好了，所以就直接剖腹了。

生出来的儿子可谓很有特色，那里的人们管他叫红脸大汉，原因是儿子出生时皮肤就比别的孩子红。医生说，羊水的质量不太好了，在里边的时间又太长了，所以皮肤发红是正常的。儿子出生的时候8斤2两，比别的孩子也大，每次洗澡回来，都不用找，一下子就能看到。

这两个原因导致儿子小时候湿疹就特别严重。不能说话的时候，儿子痒的时候就会吐沫；等到能说的时候，我更是觉得愧疚，孩子太遭罪了。我们看了很多医院，没有根治的办法。因为这个，儿子小的时候还不能吃鱼，不能吃海里的东西，营养明显跟不上。谁曾想到，我的儿子在五六岁的时候竟然可以用瘦弱这个词来形容？

这个毛病应该是从体质上、免疫力上引起的。我就想办法让孩子营养丰富一些，提高孩子的免疫力，领着孩子锻炼，让孩子有充分的吸收过程。慢慢地，孩子在不断成长的过程中，免疫力提高了，可以适当地吃些鱼了。儿子长大了，结实了好多，他不再是以前的小个子，也不是以前的小瘦子，现在反倒为自己的体重而犯愁了。

> **暖心贴**
>
> 父母工作忙，这是正常的。我有一个学生，从记事起，就在楼下的一家饭店吃饭。他父母给他的钱从来都没数，因为父母忙着做生意，没有时间陪他，也没有时间给他做饭。他只能拿着钱在饭店里吃，想吃什么就吃什么，可他吃够了，很想吃一顿父母做的饭。
>
> 其实，我们挣钱是想给孩子更好的生活，但我们应该知道，孩子想吃的不只是饭，更想感受的是家庭的温馨、父母的关爱。
>
> 每个孩子都希望能和父母一起过普通的生活，但我们往往有些时候忽略了这一点。回归家庭，为孩子提供一个健康的生长空间，让我们的孩子更健康、更阳光！

有一种累叫妈妈觉得你累

总会听到一些家长说，不能让孩子多学东西，那会很累的。其实，只要是孩子学自己想学的东西，他们从来没有累的概念。累是大人的专利。而有一种累，就是妈妈觉得你累。事实上，孩子有无限的潜能，来到这个世界上，他们就没觉得累过。如果累了，他们躺下就可以睡着，睡一觉就都歇过来了。我家儿子感觉就没有累过，看看他的"疯狂"时刻吧！

骑自行车

一只脚跨在自行车上，三岁的儿子格外帅！从儿子身上，我第一次看到了他男人的气概。

三岁那年，儿子聪明又淘气，我给儿子买了辆儿童自行车。当然是那种四个轮子的，就是后边的车轮旁边有两个小轮在支撑着。

儿子的胆子真不小，这是我没想到的。

自行车拿回家来，他就有着浓厚的兴趣。这才是男孩子的天性。

从一开始安装，他就伸着小手在一边，恐怕把他落下。确切地说，他在旁边一直帮倒忙。

他的眉头微皱，似乎在思考什么重大的问题，一会儿看看这，一会儿弄弄那，反正没有闲着的时候。

当自行车装好后，他就迫不及待地走向了自行车，然后有模有样地骑在了上面。那神情，仿佛征服了一匹烈性十足的战马；那神情，仿佛站在了万人之上，有一种居高临下的领袖风范；那神情，带着的是满心的自豪。我看到了一个男人特有的风采。

他开始骑了，真是"初生牛犊不怕虎"。上去之后，他的小手很难把稳方向，我看到了他眼中的一点点胆怯。但是，他马上就把握住了方向，然后，小脚努力地够着、蹬着，自行车就在这个小东西的控制下运行了起来。

人就是这样不可思议。他那么小，却可以让这样的一个大东西在他的控制中动起来，这就是人类神奇的地方。

"砰"突然听到了一声响。这是太正常了，他撞到了墙上。当时家里的面积才70平方米左右，厅里的空间很有限，于是出现了连续撞墙的局面。儿子并不懊恼，慢慢地变得很自如。他开始拐弯的时候不是早就是晚，后来慢慢地，自行车在小厅中可以自由地运行，而且速度越来越快。你就发现，只要一有时间，他就会在厅里自由骑行。

儿子学东西真快啊，我不能不佩服他这一点。然后，爱美的儿子就会摆出各种姿势。"妈妈，照相。"看到儿子调皮的眼神，你会觉得你不去照相都对不起他。

于是，相机里看到的是自信满满的儿子。在自行车上倚着、单脚着地、昂首挺胸……各种他认为很帅的姿势都有。

之后的日子里，家里就成了儿子骑自行车的园地了。后来，爷爷经常还要把自行车从七楼扛下来，再扛上去。真是难为了爷爷。

在我的学生中，有好多孩子都不会骑自行车，他们说从来没试过。其实，孩子的一生中，每一样东西都应该让他们去尝试，孩子会从中学到很多做事和做人的道理。

儿子骑自行车，我看到了男孩子特有的气概，那是一种男人风采的展示。孩子是不怕摔、不怕磕碰的，我们尽可能小心，不能因为这个不让孩子做任何事情。

孩子总有一天会长大，经历多了，才会带着自己的财富更好地成长。

那辆小自行车几乎承载了我童年所有关于速度的记忆。小时候最喜欢每天拽着爷爷下楼骑车，享受风从耳边过的感觉，那也是小小的我当时极大的幸福。

乒乓球

儿子的眼睛应该说是我一生的痛！因为遗传，因为不注意，让孩子近视，这对孩子来说是不公平的。只要有机会，我一定要让这个错误的不良后果最小化。

听同事说，打乒乓球可以让眼睛转动起来，最主要是，这样的转动频率，可以让近视得以缓解，甚至可能会起到治疗的作用。

于是，儿子五岁左右的时候，去老校区体育馆，让一个姓曲的老师教乒乓球。当时儿子个子很小，离案子还差那么一块。孩子好小，拿球拍的手也把不住。看着儿子认真的样子，我觉得其实是很难为孩子，但我还是想坚持。

无论孩子学什么，能不能学下去，一方面取决于孩子，另一方面决定因素在家长身上。

儿子坚持了一年，这一年，感觉儿子换眼镜的频率有些降低了。比较闹心的是，学校的曲老师后来走了，四处打听，还是没有合适的学习乒乓球的地方。

我特别遗憾，但还是不甘心。后来，在儿子小学二年级的时候，我家搬到了二道桃花苑。附近的亚泰小学有教乒乓球的。我也跟着学习了一段时间，发现学习什么都特别辛苦。在学习了几次之后，我觉得自己腿疼，感觉不舒服，于是就放弃了。可是在这种情况下，儿子一直在坚持，他没有说过累，一直努力地在练习。一直以来，儿子做什么事，都会有一种执着的精神在支撑着他。儿子的眼睛度数在这段时间增长得也慢了些，这也算是达到目的了。

后来，由于学习奥数的时间增加，初中生活的忙碌，让我忽视了孩子练球这件事，等到再想捡起来时，就很难了。这件事，家长有不可推卸的责任。

说实话，儿子打乒乓球的时候，缺少一定的灵活性。儿子本身比较壮，不太灵活。最主要的是，在儿子打乒乓球的过程中，我发现了一个问题，他没有特别强的好胜心。实际上，说得好一点，他性格比较沉稳，遇事看得开，说得不好一点，就是上进心不太够。男孩子总要有一种拼搏的精神，总应该有一种不屈的斗志。我觉得在儿子的身上，没有看到竞技给他带来的快乐。所以在后续的交流中，我总会不着痕迹地向这方面去引导。

事实上，学习乒乓球，除了想对儿子的眼睛有好处，还想让儿子在未来的生活中，可以玩得开心，生活得有质量。他至少现在打乒乓球可以正常娱乐，如果生活中什么都不会，将来的生活也会是枯燥无味的。

暖心贴

真的有一种累，叫我妈说我累。实际上，孩子的累只是一时的，睡一觉就好了。我们大人也有累的时候，但我们需要更多休息的时间。孩子想学的东西，我们应该想办法帮助他坚持下去，不能过于满足孩子的需求。比如，可能孩子说太累，我们可以让他先休息，然后再调动他的积极性，这样不至于半途而废。这很重要，因为关系到孩子习惯的培养。

反思自己，孩子从小就学习各种课程，坚持下来的英语和钢琴，儿子真的是受益终生，可我却在体育运动上，没能帮着儿子坚持下来。这确实是个不小的遗憾。

如果孩子本来是有乐趣的，在遇到某些困难的时候，他退缩了，我们及时帮助，就会发现孩子的潜力是无限的。

羽毛球

我们家里的人都喜欢运动，但不太喜欢大球，觉得大球对人的冲撞太厉害了，出现事故的概率有些大。家里人的思维方式，导致儿子考虑事情都特别保守和周全。我知道这是好事，但这种谨慎其实也限制了孩子的发展。没有办法，素来小心的我，一直不愿意让儿子太冒险。都说男孩子应该多让爸爸教育，这话还是有道理的。

竞技运动，可以提高孩子未来的生活质量，这是我认准了的。

于是，在孩子小学假期，我们就会找教练学球。儿子做事认真，真的让我佩服得五体投地。

每次练习的时候，他都会特别认真地按照教练的要求做准备活动，以免受伤，然后跑两三圈，教练要求的姿势、手形等，他都会认真去掌握。这一点，我总觉得和儿子的各种学习习惯是一致的。儿子总会认真对待每一件事，他会把握各种机会。他想学，我们让他学，给他创造机会，他就会很珍惜。

儿子体重很大，跑起来特别费劲，但儿子的那份坚持让我很感动。每次打球都是一个小时，我负责捡球，儿子负责打球。当连续打十多分钟的时候，通常儿子就已经累得喘不上气来，我真的想让他歇一歇，可他还会一直坚持。最后往往是教练觉得差不多的时候，让他停下来，他才停下来。他是不会自己主动停下来的。

儿子的姿势十分标准，所以打起来不太费力。但儿子的步伐有些时候是跟不上的，所以他会觉得很累。这就需要腿脚的灵活，以及身体的灵活，还得减轻体重。可是，儿子没有时间，还是缺少锻炼。

羽毛球的学习也只能是在假期的时候，还得是学习任务不太重的时候。其实孩子很可怜，但我还是应该带着孩子多运动。

儿子现在的羽毛球不能说打得有多好，但至少和没有学过的孩子相比，打球的状态要好很多。我想，假以时日，儿子的羽毛球会打得很好，特别是他上大学的时候，一旦自己知道琢磨的时候，他的成长会更快。这也算是我们让孩子学会了一种提升生活质量的本事吧！

(暖心贴)

我们可以忙于自己的事业，但闲暇之余，我们可以放下手机，领着孩子去体验生活中所有美好的东西。

作为家长，我们在教育中应该起到引领作用。我们应该给孩子一种健康的生活方式，而不只是物质上的东西。有时候，我们总想弥补孩子，给孩子买一些高大上的电子产品，但这不仅没有弥补，反倒会对孩子产生不好的影响。

我们应该让孩子身心健康，这才算拥有一个可爱的阳光的孩子。我们要让他们有一定的生存能力、适应能力。我们应该给他们精神上的引领和健康的生活方式，这是父母的责任与义务。

(晨宇说)

学羽毛球是为了能打得更好，也是为了锻炼身体。任何一种体育训练都很枯燥、很累，这恰恰也是培养男孩运动习惯和意志品质的非常好的方法。

轮滑

提到轮滑，我总觉得和瘦小的儿子有一定的距离，那么瘦的小腿，能支撑得了吗？尽管这样，我对孩子还是有求必应，只要这个要求是合理的，在我可以接受的范围之内。

我开始不太接受，因为觉得有一定的危险，或者说有一定的风险。因为可能摔倒，可能碰到，甚至可能磕坏了。这都是不可回避的东西。但是，老公说的话也对：哪一项运动没有危险，难道因为有危险就什么都不参与吗？

我终于理解了，我的做法岂不是因噎废食吗？

于是，我们为儿子买了第一双轮滑鞋，很小的一双鞋。

儿子开始了轮滑生活。只要晚上有点时间，就让他爷爷陪着出去滑，回来经常一身汗。有一天，我终于看到了熟练滑行的儿子，小腿很细，却那么有力地支撑着身体，两只小胳膊有力地摆着，真的是像模像样。当然，儿子的四肢和头上都要戴护具，要不我觉得不安全。

慢慢地，儿子的水平有些高了。我发现有时候他居然不戴护具了。我有点担心，但我想，吃一回亏就好了。结果，不久，他就磕到了膝盖，而且伤得很严重。

"怎么弄的？"

"没太小心，没停住。"

"戴护具了吗？"

"没有。"

"儿子，你一定要有安全意识，妈妈才可能放手让你去独立做一些事。这是一件好事，男孩子在成长中总会有磕磕碰碰，自己要从中吸取教训，不能没有安全意识，只有这样，才能很快地长大。"

"妈妈，我知道了，我以后会小心的。"

"儿子，你真的长大了。你磕出血了都没哭。"

儿子笑了，那是男人的笑容。

后来，儿子又在学校报了轮滑课，学了好长一段时间。不久后，我又为儿子买了第二双轮滑鞋，这双鞋就已经是将近 40 号的鞋了。儿子真的长大了，而且是在不知不觉中。

有一天，院子里的路上有好多人，儿子没有戴任何护具，自由地滑行在人流中间，仿佛脚上的轮滑鞋就是自己的鞋子一样。我终于明白了，应该放手的时候就应该放一放孩子。

儿子像一只自由飞翔的小鸟，他的成长我看在眼里，喜在心里。我可以让他独立做事了，他是一个有准头的孩子。

我们不放心孩子是很正常的，总想牵着孩子的手走，这也是正常的，但孩子总是需要磨炼的。

我们可以放手，告诉孩子可能会出现哪些事情，碰到这些事情应该怎么去处理，告诉孩子怎样尽可能地回避一些风险，让危险降到最低，怎样从失败中吸取教训。

我们不能因噎废食，我们不能因为有危险就将孩子束缚在笼子里，我们要让孩子成长为可以独立生活的孩子，而不是永远让我们去呵护、永远长不大的孩子。

适当地放手，是家长最明智的选择！

晨宇说

轮滑是我童年另一个关于"速度"的回忆。小时候，我甚至每天穿着轮滑鞋上街、坐公交车，到哪都穿着，随时有平地就可以尽情驰骋。当然，一开始也没少摔跟头。不过，没有受伤就没有成长，家长对男孩子多放手，对男孩的品质是一种很好的锻炼。

这种苗条我们不需要

小学时候的儿子，我都以为抱错了，瘦得就像一根小骨头，剩下的就是皮了。有时候我都在想，是不是我虐待儿子了，可真的不是。这种苗条我宁可不要。

儿子挑食太厉害了！儿子的挑食其实和我有直接关系。

儿子出生的时候，湿疹就特别严重，从小就不知道吃什么会让他特别难受，一吃错东西，身上就可能会起包或者出疹子，痒得要命。去了好多医院都没用，用了好多方法，孩子的抵抗力明显不如别人。孩子不能吃很多东西，特别是不能吃鱼，不能吃海鲜，自然就挑食。

小的时候，儿子简直瘦得吓人。我时常在想，我怎么能把儿子养成这样呢？这也不是我的风格啊！

儿子的瘦是有目共睹的。他吃的东西很有限，最爱吃的就是花生米。儿子最经典的动作就是坐在餐桌旁，一只手扶着桌子，一只手放在盘子里，一刻不停地往嘴里放花生米。几乎每盘花生米都是儿子吃了大部分。有时候我都在想，这样会不会把孩子吃坏了？后来我觉得孩子应该是缺什么，要不他不能这么吃。

到现在为止，儿子最喜欢吃的还是肉，吃得又香又多。儿子不爱吃菜，吃的菜特别有限：蒜薹、菜花、豆角、土豆、黄瓜、角瓜。他偶尔会吃几口茄子、菠菜；西红柿必须和鸡蛋一起炒，借味，其实吃的是鸡蛋。由于缺少维生素，总想让他吃几口拌的柿子，但仅限于几口。

儿子不吃各种调料，无论你切多大，他都会挑出去。他觉得借着味就行了，这些熟的调料实在没有办法吃下去。

我告诉儿子，有几个事实你是不能改变的：第一，你在外面上学的时候，是不可以这样挑食的，所以应该什么都吃，尝试着去适应；第二，就现在而言，这么挑食明显看出来体内缺东西，身体发展不够均衡；第三，皮肤不好，营养不均衡的直接表现就是皮肤不够白，不够细腻。生活本来应该尝试所有东西，怎么能让自己吃的人生不完整呢？

吃货现在是个褒义词，吃应该吃得有水平、有质量，这样身体才能好，才能有机会和更多的人竞争！

（暖心贴）

因为孩子挑食，我会为儿子讲各种故事，让他从中明白其中的道理。我没有因为儿子挑食，就跟在后边喂，也没有因为儿子不怎么吃，而无休止地去惯着他，毕竟我们能为孩子带来的应该是好的习惯。

其实，我们可以努力把饭菜做得好吃，孩子在享受的过程中，自然就不会挑食了。如果我们做的饭难以入口，或者一直在吃同样的没有味道的东西，我想这就不是孩子的问题了。

其实，每个孩子在成长的过程中都会遇到一些问题，我们要以积极的心态去解决，既不能一味地顺从，听之任之，也不能坚决制止。两个极端都会给孩子的心灵造成不同程度的创伤。

（晨宇说）

其实大多数孩子都有挑食的习惯，家长当然不能任他挑食，但也需要耐心引导。等孩子长大了，自然会接受更多的食材，再加上适当的方法，相信挑食不会成为问题。

第 2 章

八种品质，让孩子活出幸福的模样

感恩也是一种能力

生活中需要感恩，需要仪式感，这是一种能力，也是一种素养。

童心无忌

我爱儿子，他有太多可爱的地方。从来没有想过，自己的儿子是这样有情有义的人。因为我觉得孩子还小。

可能从小儿子就在一个特别温馨的环境中生活，所以他感受到和学到的更多的是和我一样的为人处世的方法，在他骨子里最直接的情感就是感恩。

每次过节，我都会给家里人买礼物，特别是老人和孩子，但我没想到会对他产生这么大的影响。

他自己没钱，应该也没有钱的概念，他一直在默默地看着周围这一切。每年元旦，我都会把礼物送给他，他一定会亲亲我，然后说："谢谢妈妈。"

那年元旦，他三岁，收到礼物的他，居然拿出了很长的两个纸条，很神秘、很得意的样子。总之，他的小脸上的表情十分复杂。

我看了一下纸条，感动得流下了泪水。

一个那么小的孩子，用彩笔歪歪斜斜地写下了这样的字：祝爷爷奶奶身体健康，祝爸爸妈妈元旦快乐！

我抱起了儿子，亲不够。那一刻，我真的觉得这个世界上还有这种幸福，这是一种很多人不敢想的幸福，可我却拥有了，我真的是太幸福的人了。

儿子的字写得有点像卡通画，每个字他都涂上了不同的色彩，那新鲜的色彩让我想到了孩子的用心。

这张条幅一直贴在我家大厅的门上，只要在厅里走，我就能看到、感受到。每个人一生中会有各种幸福的感觉，但这种感觉是弥足珍贵的，因为它来自一个三岁孩子内心真诚的祝福。

在后来的日子里，我收到过儿子买的好多小礼物。

礼物有儿子喜欢的小猴子、小熊，还有各种卡通小动物。每当收到礼物的时候，孩子的奶奶就会说："净乱花钱，这个东西有什么用啊？"

可我会像收到宝贝一样地告诉儿子："妈妈太幸福了，谢谢儿子。妈妈没想到会在自己过节时收到礼物，我是这个世界上最幸福的妈妈了。"然后，我亲儿子一口，算是奖赏了。他会高高兴兴地感受着妈妈的爱。

到目前为止，我的车钥匙上挂的都是儿子送给我的生日礼物，一个个特别卡通的小动物。

让孩子有感情，这是教育很重要的一个环节。让孩子学会感恩，孩子就会做好更多的事。这种教育是必不可少的。

暖心贴

仪式感很重要，有很多时候，我们不是为了什么东西，而是为了这一份情感。给孩子买礼物是再正常不过的事了，但要让他们意识到礼物的意义所在，让孩子懂得感恩。有些孩子长大后，心里只有自己，没有别人，这实质上是我们教育的缺失。我们的教育就应该从孩子小时候开始，让这种情感、让这种感恩的心植根于孩子心中。

教育是从点滴开始的，孕育于无声中。

晨宇说

到现在，我还会用彩笔写的祝福配上礼物送给家人。我觉得要不然显得不够隆重，也是因为这是我一直以来的习惯吧。我不经常给同学买礼物（因为学校的好朋友太多，一个个送出去我家该破产了……），但遇到家人生日，还有母亲节等节日，我一定会抽时间偷偷买回礼物，送给他们一个大惊喜。我觉得这是家人最幸福的时刻之一，当然，看到他们表情的那一刻我也特幸福。

宝贵的传承

有些教育不是用嘴说的，我们做了，孩子自然就会学到。国家现在很重视传统文化的教育，可传统文化更多的就应该是精神和情感的传承啊！

儿子屋里的摆设一目了然，只有两样东西：书和玩具。

从小开始，我就让孩子体会读书的快乐和生活的情趣。

儿子出生后，每个生日都会有礼物，每个节日都会有礼物。儿子的礼物都有着自己独特的风格。我通常领着儿子去买礼物的时候，都会让儿子看：你看看，这里还有什么玩具咱们家没有？

我不是惯孩子，一个小男孩，连一点动手的能力都没有，你还怎么让孩子在社会上生存？家里的电风扇每年都由儿子来装卸，目的就是让他能有机会动动手。家里买来的所有东西都会让他参与去装，去调试。

但是，儿子的玩具才是他真正施展自己动手能力的天地。

儿子的车从小到大，不说有上百辆，也得有七八十辆：有遥控的，有自动的；有轿车，有推土车，有赛车；有黑色的，有红色的，有白色的，有花的，多数都是儿子喜欢的蓝色的。有小玩具车，还有车模，各种各样。可以说，只要能有的儿子都有。

儿子的各种枪支玩具非常齐全。长的、短的、大的、小的、手枪、机关枪、各式水枪，应有尽有。

儿子的陀螺的种类我说不好，但我知道，他拥有的个数应该差不多是最多的，也是林林总总。

儿子的悠悠球几乎玩到了出神入化的程度，各式玩法都在他掌握之中。他还买了书，按照书上的玩法去练习。

儿子的魔方各式各样。他还给自己规定多少秒之内，要把它们拼出来，自己也在挑战纪录。

儿子的拼图也有很多种类，他动手的速度相当快。他拼图的速度是我们家里没人能比的。

儿子的纸牌很多，他和别人玩的时候十分愿意动脑，基本都会赢。

儿子玩"三国杀"的时候，同学们都很羡慕，因为在家里一直都是我在陪他玩。他们同学很难想象，妈妈还可以陪孩子玩"三国杀"。

儿子喜欢各种球：羽毛球、乒乓球、台球。他有着数不尽的小想法、小爱好、小玩法。

最多的玩具莫过于他的变形玩具。几个抽屉都是，他会在一眨眼间把一个车变成一个人，会在一瞬间让手里的东西发生翻天覆地的变化。

儿子的礼物很多，我想让他有动手的能力，有自己的生活，更多的还是想让儿子有点人情味，珍惜亲情，懂得感恩！

（暖心贴）

其实每个人都有自己的事业，都很忙，但我们完全可以挤出一点时间，和孩子之间有相互的问候和祝福。孩子们不缺钱，他们缺少的是爱和关怀！

我们的关心可以让孩子健康阳光，这是花多少钱都买不来的，我想我们什么时候开始做都不晚。教会我们的孩子，让他们学会关心别人、爱别人，他就会得到更多的爱！

每年的圣诞节、儿童节，我妈都会给我买礼物，而且坚持到了我18岁。爱玩是孩子的天性，爱动手更是男孩的天性。更多的玩具可以让孩子获得"大展身手"的机会，让孩子创造自己的故事，也能让孩子的动手能力有很大的提高，还能让孩子养成爱惜物品的习惯。这样做一举多得，就看家长如何引导。

心与心的交流

无论站在哪个角度，我们家长有些时候还是有些大意了。我们总是想让孩子什么都能做好，但我们没想过，我们自己是怎么做的。其实孩子就是我们的缩影，我们应该和孩子进行心与心的交流。

儿子从小心就特别细，他会在各种节日给我买礼物。记得在他三岁的时候，他自己用笔画了一些字，写着祝爷爷奶奶、爸爸妈妈元旦快乐！五颜六色的笔，歪歪斜斜的字，透着幸福与可爱，那是我收到的最珍贵的礼物！我们把它贴在了我家的墙上，当时没有想到要把它拍照，留下来，但它一直贴到了我们搬家之后。好多年，想起来还是那么温馨。后来，搬家的时候，还剩下一点，我珍藏了起来。

其实，应该让孩子学会浪漫，学会生活，学会心里装着别人。一个自私的人能干出什么事业呢？一个没有人情味的人能让多少人愿意和他一起做事呢？

在当今社会，人与人之间的关系太过于理性了，而这种理性让孩子们远离了交流。孩子们更多的时候在网上聊天，生活在虚拟世界里。而生活中，很难看到孩子们动一动笔，写份祝福。

每个节日，我都会给儿子买礼物。圣诞节的时候，我一定会在儿子的屋子里藏礼物，有时候是用红袜子装上，挂在他的门上，有时候会放在一个角落里，给儿子一个惊喜。儿子收到礼物会特别开心。礼物不一定是很贵重的，但一定要有。这代表的是一份惦记、一份心意、一份关心，说明你心里装着孩子。而孩子感受到的是一份爱，他会将这份爱传递下去，他会让这份爱在他的心里扎根。

给儿子买礼物是既幸福又苦恼的事。买的礼物太多了，很多时候，特别担心会不会买重了呢？每次收到礼物，儿子都爱不释手，他很享受。他甚至会忘记吃饭，一直不停地玩，一直到他认为玩明白了为止。

儿子的动手能力是很强的，一般的东西，他都可以直接操作。实在不行的时候，他看一下说明也能一下子就弄明白，所以现在家里所有的电器他都操作得很明白。他经常告诉我：你动手之后，用脑思考，然后就什么都会了。如果再不动脑，在当今的社会，手机都是智能的，你可能都不够智能了。我惊讶地发现儿子成长的速度太惊人了，在你可能没太经意的情况下，他的思想、他的身材，他所有的一切，不再是你记忆中的小孩子，而变成了一个有思想、成熟的小大人。

交流是用一颗心去换另一颗心，用一颗心去暖另一颗心。

暖心贴

礼物是我们应该经常买给孩子的，但最好不要给孩子买过于贵重的礼物。礼物在于意义与内涵，不在于贵与贱。特别是电子产品，毕竟孩子还小，他们玩起来很可能就会无节制。

教育本身是一种常态的思考，教育在生活的点滴当中。其实很多时候，父母在孩子心目中影响太大了。你的方向就是孩子成长的方向，给自己点幸福的机会吧！

晨宇说

互赠礼物、祝福在我家是一种传统，也是让我家其乐融融的秘诀之一。

感谢生活

对待生活，我们应该给孩子的是正确的态度和解决问题的方法。这样孩子就会终身受益。应该感谢生活给我们的一切美好与不美好，因为是它们让我们不断感受成长，让我们不断体会幸福。

小学一年级的时候，儿子的老师是一位岁数偏大的女老师，吴艳华老师。吴老师严厉慈爱交织于一身，儿子特别喜欢。应该说，儿子一生的成长离不开他所有的老师对他的关心和爱护，真的很感激。无论是幼儿园的老师，还是小学、初中、高中的老师，我们永远都是心怀感恩之情。

小学四年级的时候，儿子换班主任了，一位教语文的老师。因为不同年级、不同老师风格不同，每个老师又有自己带班的特点，所以两个老师的衔接就出现了问题。儿子班级的家长对换老师意见很大。有的家长给我打电话：

"你是当老师的，你从你的角度出发去和校长谈，会谈得更好。"

"为什么要找校长谈？"

"因为这个老师不好。"

"这个老师只是换了个风格，其实每个老师都很认真，都很负责任，让她来教咱们的孩子是够用的。老师不容易，我们这样做，对老师很不好。"

我说得很委婉，不想去做这件事。一年后，班主任换了。我知道，这是对老师太大的伤害，其实对自己家的孩子何尝不是一种伤害呢？

儿子回来也和我说，这个老师和吴老师不同，特别是在读课文的时候，要求声音很大，有时候嗓子都喊哑了。

"你可以不太大声地喊，其实老师的这种方式也可能是在培养你们的自信，让你们大胆说。每个老师都有自己的优点，我们不能总拿一个人的缺点去和别人的优点比。那样的话，这个人还能有生存的空间吗？"

"那倒也是，我们老师是非常负责任的。"

"对啊，你是班长，应该起带头作用，拥护老师的做法。还有，要向每个人学习他的长处，你会有很大的收获。记住，当你不能改变一些事情的时候，你一定要学会适应。未来的环境不是我们能左右的，我们就必须去适应，因为我们没有能力去改变。"

儿子似懂非懂地听着。儿子在这一年老师变动的过程当中，没有受到任何影响，学习上一直很稳定，似乎儿子的心性也变了，变得稳重多了。而其他的孩子等于荒废了一年的时间。

孩子经历任何事情的时候，父母都要让孩子从中学习到他应该学习的东西，而不是一味自私地想着我们多不幸。你给孩子的是阳光，孩子就一定会向阳而生！

生活对每个人都是公平的，给每个人的机会都是均等的，如果我们处理得好，我们的孩子就会比别人优秀！

暖心贴

在这次变化中，我让孩子学会了长大，他没有耽误学习。作为家长，在孩子面前应该树立老师的权威。其实，每个老师的能力对于学生而言，都是绰绰有余的。我们教给孩子的处事方法，会让孩子受用一生。每个人都有优点，站在巨人的肩膀上，我们才能成长得更快。每个老师都是巨人，只不过他们的优点不一样而已。孩子需要收获知识，还应该收获为人处世的本领，还应该收获感恩的心。

热爱是对生活最好的诠释

热爱是对生活最好的诠释与解读。当我们忙于琐碎的生活时，似乎忽略了眼中最美的风景，但我们应该让孩子学会去欣赏眼前的风景。只有热爱生活，他们才能更好地生活。

让幸福洒满天空

在我们的眼中，去哪里都是一样的，可在孩子的世界里，去哪里都是不一样的。对他们而言，和父母出去玩是最幸福的事情，幸福可以漫天飞舞。

每年的"五一"和"十一"，还有暑假，我们都会到文化广场放风筝，看鸽子，看盛开的郁金香。

那里是真正让孩子欢愉的地方，那里有风筝，还有爱。我们一家五口，其乐融融。

我们拿着风筝，儿子很小，但他一定是要参与的。

他太小了，跑动起来很慢，放风筝就有点难度。

"儿子，妈妈帮你啊！"

"不用，妈妈，我行的。"

于是，看到一个小人拿着一个风筝在跑。终于风筝起来了，孩子松手的瞬间，我看到了他满脸的幸福与满足。

然后，他会拿着缠风筝线的轮子，用尽全身的力量紧紧握在手里，小脸看向空中。我们不敢让他独立拉着风筝，我们都怕风筝把他带跑。可他特别喜欢自己去操作。

看到儿子的那份认真和执着，我知道他做事是不会有问题的。

去看广场鸽，让我看到了儿子的爱心。

他蹲在鸽子中间，小手在空中挥舞着，仿佛自己和小鸟一样，在天空中飞翔。他会用自己胖胖的小手，拿着玉米，小心翼翼地走向鸽子，然后再小心翼翼地将玉米放下。有时候，他也会调皮地追向鸽子，和鸽子融为一体，就像一只小鸟在自由飞翔。

我喜欢儿子那份自由的天性，这会让他的生活很自在、很幸福。

文化广场的郁金香花开得特别好,那应该是在儿子四五岁的时候,现在好像看不到那样盛开的郁金香了。

儿子的个子还小,和花池子的边一样高,想要看到里边的花,要费一些力气。于是,他会爬到花池边的水泥台上,把小脸贴向花朵。他的小鼻子在一抽一抽地闻着,似乎将花香吸入体内一样。最经典的是,他累了的时候,自己就爬到水泥台上,然后摆好姿势。"妈妈,给我照相啊!"往往都是翘着二郎腿、侧着身子、歪戴着帽子,有一种小小"痞子"的味道。

每次去文化广场,他都会流连忘返,有一种乐不思蜀的感觉。

儿子热爱自然、热爱生活。文化广场,幸福飘香!

（暖心贴）

成长是顺应自然的事情,让孩子亲近自然、感受自然,他们的成长就会是正常的。我记得,孩子对色彩的认知和欣赏就是在对自然的欣赏中了解了更深层的内涵。

自然界的花草树木给孩子的是一种天然的成长环境,让他们感受到的是无尽的包容和希望。孩子们不但感受了自然,更重要的是从中学到一些道理或知识,会受用一生。让孩子热爱自然,孩子才能更加热爱生活。

（晨宇说）

之前,我在"鬼班"上课,每天中午都去文化广场逛逛。满天的风筝、雪白的鸽子、一张张笑脸,配上晴朗的天空,真的是太美好了。我一直觉得那里是长春最美的地方。小时候放风筝、喂鸽子也都是我童年十分重要的回忆,也将是我人生中重要的一部分。

面对生命总会有一丝感动

对生命的感知与感动,才能让你燃起对生命的珍惜,每个人都是如此。我们总说,参加一次葬礼,人们就会悟到很多,而参与到一个生命中,你就会更加珍爱生命。

其实,我一直有一种想法,就是领着孩子看看自然界中所有的一切,让孩子领略一下祖国的大好河山。

那一年暑假,儿子四岁多的时候,我领着儿子,带着公公婆婆,还有两个大姑姐家的孩子,一行七人去了大连。

我们住的是疗养的地方，就在海边，想领着儿子看看涨潮和退潮。我们在那里待了一个星期，每天感受着大自然的波涛澎湃。

退潮的时候，我们会到海边捉小螃蟹。

儿子的手很小，他认认真真地翻着每一块石头，然后仔细地看着下面的泥土。他那份仔细认真，让你觉得螃蟹再小，也很难逃过他的眼睛。

"看，小螃蟹，多好玩啊！"

明显是"初生牛犊不怕虎"，他伸出小手，就去捉小螃蟹了。螃蟹很小，捉到手之后，儿子看了看，满脸的欣喜，又有一种不舍。最后，儿子还是把小螃蟹放回了水里。

"它在水里还可以长大的，可我抓到它，它就没有办法活下去了。"看到儿子的神情，我知道在他的内心深处有一种东西已经植根了，那是让我放心的品质，善良，有爱心，有大局意识，还有一种对生命的感动。

我们又走向了海的远处，那里有好多人。

我们看到了只有在图片上看到过的海星。海星真的很好看，比想象中的硬一些。儿子把玩着，仔细观察着，似乎这些到了他的手中就成了另外一个世界。

我们又拾到些海带，这些对我来说，对儿子来说，都是新鲜的。儿子每每都十分仔细地思考着、观察着。这就是自然界带给孩子的好处。

我们在海边的院子旁，经常会听到蝉叫，声音又大又齐，好像在大合唱。有一天，掉下来一只蝉。通过观察，我们发现它的翅膀扇动时会发出巨大的声音，好长知识啊！

那次刚到大连不久，儿子就得了腮腺炎，有些照片都带着这一记忆。

这种病其实挺烦人的，孩子很难受。因为疼，还发烧，儿子比以往蔫了很多。我从他的小脸上看到了难受，他还是在努力坚持着。儿子的坚持让我感动。我喜欢让儿子趴在背上，我愿意背着儿子，可儿子很多时候不让我背。

瘦小的儿子，脸上贴着药，在海边拨着水，那就是我心里的一片海、一片记忆、一个幸福的故事。

暖心贴

　　大人出去游玩是放松身心，其实更好的放松方式应该是带着孩子出去，带着老人出去。尽享天伦之乐是人类最幸福的事情。

　　其实，孩子不碍事。孩子小，但有小的乐趣，有小的可爱。在这份可爱中，我们还可以把握教育的机会。孩子的经历是他们人生最大的财富。我们不能给他们太多太好的教育，但可以让他们在生活的点滴和细节中感受到教育是无时无刻不在的。

自然是最好的老师之一，我小时候也一直都很喜欢与自然相处。亲手摸到各种生物真的会让孩子从内心深处感到快乐，有时候还会激发他们的兴趣。

热爱源于体验

对于孩子来讲，什么都想做，因为对于他们而言，生活中出现的每一件事都是新奇的。只有体验了，他们才能喜欢，才能热爱。

说实话，儿子的生活中从来就不缺少一些"活"的内容。儿子喜欢有生命的小东西，看到外面的小猫小狗，总会去逗一逗。我不喜欢这些东西，总觉得这些带毛的动物对身体不好，而且也确实没有时间养。

但还别说，我家里真的养过动物，也不知道算不算，就是一只蜗牛。儿子喜欢，爷爷奶奶愿意帮着养，我也没有反对意见。每天儿子都会看着自己的小蜗牛，和爷爷奶奶一起喂食。蜗牛需要吃最新鲜的菜叶，每天老人得去市场捡两大片回来。儿子就用自己肉肉的小手喂它。蜗牛在家里待了很久，儿子每天观察着它的生活。后来养大了，儿子就主张把它放生，蜗牛就离开了我家。

儿子为了做实验，在花盆里一定要种花的种子，然后每天爬到沙发上，撅个小屁股去观察。种子破土而出，发芽了，长出了几片叶子，长大了。他会拿起小水壶，给花浇水。他知道，花不浇水会干死的。他对花的呵护就像照顾一个小朋友，那份爱、那份关注，用语言很难形容出来。

他努力地记录花每一天的成长过程。他会在笔记上画出小苗成长的过程，画出它们每一个阶段的特征，真的像在做科学研究记录。你感受到的是一种成长的成就感。

儿子是一个特别认真、特别热爱生活的人，我愿意儿子这样，所以只要儿子有类似的要求，都会尽力去满足他，让他去体验生活。就像养花，那是一个孕育生命的过程，那是一种成长。无论是动物还是植物，他能体会到其中的艰辛，体会到成长是需要过程的，需要付出的。

那段日子儿子做了很多实验性的东西，经常看到他和老公在沙发上弄了好多东西，有纸、瓶瓶罐罐、木头和棍棒。沙发就是个百宝箱。他们两个往往会无休止地弄下去，满地满沙发都是水，很乱。我只做一件事：提醒他们，怎么做都可以，但最后要做收尾工作。

生活应该是这样的，孩子需要动手，孩子需要情趣。每个家庭的条件不同，我给孩子的就是最普通的生活，他开心，他快乐。

　　我不知道别人家的生活怎么样，我觉得只要有条件就应该让孩子锻炼自己的动手能力，同时让孩子有爱心。孩子经历了，就会成长。孩子的成长就像小苗一样，不会立竿见影，而是一个慢慢的无形的过程。

　　关于生命的教育更不是一朝一夕的事。孩子们的生活条件很好，需要他们思考的事情并不多，所以在生活的点滴中，应该让孩子们体会成长的快乐、体会生命的意义！我们经常教育孩子要珍爱生命，可我们身边的学生在不堪重负的时候，轻生的孩子又有多少？想一想，如果是一个热爱生活、热爱生命的人，他们会做出这样的决定吗？

　　一个人，如果有一种人生追求，有一定的生命认知，无论发生什么事情，也会正确对待，不会出现这样的一些不良后果。如果他们能够体验到生活的美好，那么一切的教育也就水到渠成了。

　　当真正在养一个小生命的时候，我们才会感受到什么叫责任感。让孩子养一盆花、养一只小宠物，都会让孩子对生命和自然有更多的思考。

每个生命都是完美的

　　在每个孩子的成长过程中，每种经历都是生活中的美好，每个生命都是完美的。

　　儿子从小对知识的渴求是我没办法去比的。我给儿子订的杂志各种各样。他喜欢方方面面的书籍：他热爱军事，热爱科学，喜欢动物，喜欢动手活动，喜欢漫画。总之，没有他不想涉猎的内容。

　　我们学校的荷花池很美。每到六七月荷叶圆润的时候，我都会带着儿子来到校园，欣赏荷花。儿子会用他小却够厚重的肩膀扛着家里大大的单反相机，照着他自己喜欢的风景。看得出，他热爱大自然，他会捕捉自然中的每个小细节。他的相片里有小狗在睡觉、吃饭、慵懒地躺着的模样；有荷花、花蕊、花瓣，开得正旺的，开得要落败的；有小小的蜻蜓飞舞在荷叶边缘，还有在风中摇动的野花。

　　学校最有特色的是蛙声。夏季的夜晚，学生总会在蛙鸣中刻苦读书。

　　有一天，我发现学校有好多小蝌蚪，油黑的，让你觉得异常可爱。如此可爱的小动物，怎么能不让儿子见识一下呢？于是，我就用玻璃瓶装了几只可爱的小黑蝌蚪回家了。

　　"儿子，看看妈妈给你带什么了？我们可以将它们养大的。"

"妈妈，太吓人了，你知道吗？我们将它们养大，它们就会成为一群癞蛤蟆。"

"什么？为什么啊？"

"因为它们是黑色的，长成青蛙的应该是绿色的蝌蚪，它们最后才是我们看到的可爱的青蛙呢！"

"那可怎么办啊？"

"那咱们就把它们放生吧！要不，我们也得把它们放到大自然里去养，我们自己是养不了的。它们需要群居，需要朋友。它们也是一个个小小的生命啊！"

看着儿子郑重其事的样子，你很难相信他就是个小孩。

"这些你都是怎么知道的呢？"

"书上都有介绍，长成青蛙的蝌蚪，它们的肤色偏绿偏浅，那才是我们说的青蛙呢！它们要一起生活，它们需要自己的生活领域。"

儿子在侃侃而谈。我看着他的样子，觉得这就是我想要的生活。我可以表现得很白痴，但我要让儿子对生活有更多探索的兴趣，对生活有更多的热爱！

（暖心贴）

其实，生活是需要经营的，我们的爱可以让生活更丰盈。爱孩子，有很多方式，我们用心去生活，生活一定会让我们感受到更多的幸福。

我们在自然中感受到的可爱与生命的成长，可以及时和孩子们分享。他们会发现你的可爱之处，他们会自己去寻找生活的真谛，去发现更多的美好和幸福。

其实，家长做的每件小事，可能很细微，有时候能起到作用，有时候就是和孩子们游戏一下。但教育本身是需要耳濡目染的，没有哪个家长会做出一些惊天动地的大事。不要忽视生活的小细节，你所做的每件事将来在孩子的言行中都可以看到影子！

（晨宇说）

只有什么都想着让孩子看看，才会与孩子有更多的交流，也才能更了解你的孩子。你会发现，你的孩子竟然知道这么多。

爱在手心里

享受爱是很多家长做不到的，每个有责任心的中国父母都觉得自己应该做个"救世主"，总觉得自己就应该无条件地为孩子付出。但你不去享受爱，你就会将爱推向单一，从而就让爱走向了畸形。

儿子小的时候，我喜欢他身体的任何一个部分。儿子的小脸从小就被我一直啃。即便到现在，儿子每天晚上都会来我这里贴一下，早上起床之后，也来我这里贴一下。

儿子的小脚丫很香，每天我都会闻上无数遍，甚至于每天都要啃上几口。反正大家都说我喜欢孩子，喜欢一刻不停地接近孩子。当然，我特别享受的就是儿子的小手薅白头发。

我的白头发不是很多，但我喜欢儿子的小手在我头上乱动的感觉。小手在头上动，你会有一种特别舒服、特别暖和、特别温馨、特别想睡一会儿的感觉。儿子在五六岁的时候，我总会"欺负"他，让他为我拔白头发。"欺负"他是一个很享受的过程。我会枕在儿子的小腿上，闻着儿子身上的奶香味，摸着儿子的小脚丫。说实话，我还不太敢实实在在地枕在儿子的身上。他的小腿还是太小了，尽管很有肉，还是没有承受力的。

然后，我每次都会有一种就这样睡一会儿才好的感觉，从来都觉得那是最大的福分。有时候，我会和儿子先闹一会儿。我用头拱他，他怕痒，会努力地推开我。可是，他的力量又是很有限的，他就会倒在床上，乐得像一个小老太太。我还会挠他痒痒，逗他一会儿，他就会一直乐下去。直到我躺好，告诉他快给妈妈拔吧，他就会开始他的工作。他会十分认真地问："这次要几根啊？"因为每次我都会让他拔一定数量，比如5根、10根。他会十分认真地在我的头上翻看。找啊找，终于找到了，他会很高兴地说："这有一根。"然后，他就会很努力地拔。当然，他的力量还是太小，所以，你会感觉到他的全身都在用力，仿佛全身都在动。最主要的是，可能没有拔下来，或者拔了根黑色的。他会一直坚持，不会中途停下来。我从来不知道他累过没有，但他每次拔的时候，都在坚持，一直到最后一根。然后，他才释然，才会自己调皮地跑了。也许很累，但他乐在其中。

其实，和儿子的这种接触特别多。比如，很多时候我帮他抻手，让他的两个手指之间的距离尽量大，让他的手指跨度在钢琴上自如一些。儿子的小手往往就在我的大手之中。我经常逗儿子，和他比手的大小，猜哪个是大拇指，他会特别用心地去玩。

其实，和孩子的每一次接触，你都会给孩子带来无尽的快乐和安全感。孩子特别需要玩伴。有时候，我们带给孩子的是呵护，但更多的时候，我们应该扮演一个同样是小孩子的角色，让生活充满童真、童趣！

暖心贴

我们不能因为错误的认知而错过人生中最幸福的时刻。你与孩子亲近，你给孩子带来的温暖是他一生的财富。孩子的内心有着一份母亲的顽皮，母亲的呵护、母亲的关心、母亲厚重的爱。这不是用金钱可以买到的。

物质上的满足不能替代任何精神上的内容，永远不能替代孩子内心的健康成长。及时关心孩子吧，让他们的心从小就健康阳光！

晨宇说

小时候给妈妈拔白头发也是亲子互动的一大组成部分。其实亲子之间的情感就是这样一点点培养起来的。

让孝顺在孩子心中生根

孝顺应该从小就开始培养，这是一种涵养、一种习惯，更是一种必须具备的道德品质。我们应该让孩子从小养成习惯，让孝顺扎根在孩子心中。

让孝道浸润心灵

孝顺不是说出来的，而是一种潜移默化的影响，是一种浸润心灵的执念。

从我怀孕开始，公公婆婆就一直关注着我的生活。

1999 年 5 月 6 日，儿子出生了，因为儿子太小，一直得婆婆照料，所以和婆婆生活在一起是很自然的事。

在这种情况下，我就想到了很多家婆媳关系不好，生活不到一起，发生各种"战争"。我对这个问题想了很长时间。我想明白了，一定要给孩子做个好榜样。爱老公，就应该爱他的亲人，想让孩子优秀，就应该让孩子生活在一个特别优秀的环境里，否则我们没有理由要求孩子。

应该说，两代人相处本来就不是很容易，更何况他们都是农村的老人，很多生活习惯都不一样，磨合的难度可想而知。不过，我让自己明白一点：如果想长期相处，还想相处得好，就要包容。最重要的是，有事一定要讲出来，不要总在心里算计。

于是，我给儿子上了第一课，对待爷爷奶奶要比爸爸妈妈还好，不能和爷爷奶奶吵，更不能对爷爷奶奶发脾气。特别是，他们年纪会越来越大，我们应该像对待孩子一样去包容他们。

全家人都是这样做的。儿子有一段时间有点逆反，说话的语调不太对。

"儿子，你想过没有，爷爷奶奶如果不开心，身体不好，你说是不是影响大家的心情啊？这个家里，大家都开心才叫开心、叫幸福。如果咱们的生活没有幸福而言，那咱们每天努力打拼是为了什么呢？"

"没有，我只是觉得他们耳朵太不好使，听不清楚，所以两三遍之后才提高了声音。我也没生气，没有吵他们的意思。"

"妈妈知道你懂事，可他们年龄越来越大了，我们每个人都会有这样的一天。等你老了，你试想一下，你的孙子这样说话，你什么心情？他们每天没有什么事情去排解，得多郁闷啊！你说是想让爷爷奶奶开心，还是想让他们难过呢？"

"那我懂了。"儿子骨子里的孝顺是不可能变的。

儿子和爷爷奶奶比和我们还亲，我觉得这才是正常的关系，毕竟爷爷奶奶每天都为他想那么多、做那么多。如果他对他们不好，怎么可能对父母、朋友好？

(暖心贴)

父母生我们那一天，满满的幸福就降临了。我们应该像对待自己的孩子一样对待他们。善良需要传递，需要传承。善待他们，上天就会让你的孩子善待社会、善待一切，你会收获一个优秀的孩子，这个回报还小吗？

(晨宇说)

我有时对爷爷奶奶缺乏耐心。当我刚开始懂事时，他们耳朵还好使，记性还够好。但是，他们渐渐老了，老得需要我大喊才能听见，一件事说十遍才能记住。爸妈让我懂得，无论如何也要对他们有耐心，对他们孝顺体贴，因为人要懂得感恩，懂得孝顺。对老人好的人对其他人一定不会差，我妈一直都相信。

即时行孝

"树欲静而风不止，子欲养而亲不待"，人们往往在后悔中度过自己的人生，总会为自己留下一些遗憾。但是，及时反思，可以让一切都来得及。尽孝是一件应当即时做的事情。

奶奶在儿子身边是一个提供衣食的角色。家里人分工十分明确，奶奶负责儿子的生活起居。其实，这是我不愿意看到的，但不让婆婆做，她总会觉得自己失去了价值，觉得自己像个吃白饭的。

我们家里一向都很民主，每个人都有自己的空间，只要你想做，你有自己的选择权。

儿子吃的东西基本上都是婆婆做。每天儿子吃饭，婆婆都会看着。儿子品尝之后，会高兴地说："真好吃，给奶奶打 80 分，奶奶的手艺又进步了。奶奶做菜越来越好吃了。"婆婆笑得合不拢嘴。

婆婆总会帮儿子整理衣服。这件事情，他们之间分歧很大。儿子不想让婆婆弄得那么细致，而婆婆又总想细心照顾，自然就产生了矛盾。

"你不用弄衣服，我自己来弄就行。"一次两次说过后，可老人很难改过来。她觉得这些事是理所应当的。

于是，儿子和奶奶说话的声音就很大。婆婆倒不是很在意，但在我这里却是不行的。

"你怎么能那么大声和奶奶说话？奶奶这不是白疼你了吗？况且奶奶那么大岁数，最起码应该尊重啊！"

"是，可奶奶总是不听啊，不让她弄，她还弄。"

"她那么大岁数，你让她去改这么多年的习惯，你觉得可能吗？再说了，你就是想说，也应该慢慢和她解释啊！"

"我解释了，可她就是不听，都不是一次两次了，解释也没用。"

"可你大声说话就有用啦？对你好，你不领情也就罢了，你还吵奶奶，从哪个角度说都不对吧？"

儿子脸红了，低下头不再说话。

孝顺老人在我家里是底线，没有任何理由不对老人好，谁都没有特权。

"那我以后不再这样了，我和奶奶讲道理。"

"这就对了，妈妈知道你孝顺，毛病可以有，但即时改妈妈就更喜欢了。"

我亲了亲儿子，儿子笑了，一脸的幸福。

暖心贴

家庭是有爱的地方，人与人之间互相关爱、互相理解、互相支持，才是一个和谐的家庭。

生活中一定会遇到问题，只要想好好解决，都可以解决得很好。

孩子成长的环境决定着孩子对幸福的认识和体验。试想一下，每天都生活在一个很吵闹的环境里，家里人总会剑拔弩张，不知道孩子们将来会怎么生活，会给孩子们带来什么。有太多的家庭给孩子的内心留下阴影，有些孩子甚至不想结婚，因为觉得婚姻不会幸福。那为什么还要婚姻呢？其实，我们可以让生活更和谐，我们应该让孩子感受到生活更美好。

男孩子的羞涩

男孩子就是男孩子，儿子与爷爷奶奶的感情是很深的，但他不会轻易地表现出来。

每年暑假，公公婆婆都要回农村，因为我老公的姥姥还在家里。婆婆每年都需要回农村去看看她的老妈，每年暑假回农村就成了必需的事。

儿子小的时候，幼儿园里也没什么事，所以就有了每年一次的农村生活。说实话，我很喜欢儿子的这些经历。自从儿子上小学之后，有太多的学习内容，有些时候他就不能跟着回去了，我觉得挺遗憾的。

儿子和两位老人的感情是根深蒂固的，毕竟从出生到现在，爷爷奶奶就一直在身边带他。

记得有一次，他们两个又回农村了。家里总会有些变化，比如吃的东西就和他们在家的时候不一样。他们喜欢大锅炖菜，而剩下我们三口人的时候，自然就用小锅炒菜，而且风格也不太一样。因为家里三代都是独苗，所以两位老人实在是有点惯着这个孩子。

在家里的饭桌上，如果看不到肉，儿子都会问："今天怎么没菜呢？"在他的印象中，只有有肉才是菜，否则没办法吃饭。所以，婆婆三天一小肉，五天一大肉，每天必有肉，区别只不过是什么肉、什么烹饪方式而已。儿子的身体真的在茁壮成长，我特别害怕他胖了之后瘦不下来。

我们两个做的饭略有些清淡，儿子就会看着饭，想着奶奶做的饭。那天家里养的鱼死了两条，儿子看了看鱼，再看看饭，看得出他想爷爷奶奶了。

"爷爷，你们什么时候回来啊？咱家的小鱼想你都想死了。"

听着儿子的话，我觉得儿子真的长大了，像个小男子汉。他本来是自己想爷爷奶奶了，但他不会这样说，他用小鱼想爷爷了，来表达自己对二老的想念。

"你是不是想爷爷奶奶啦？"

"没有。"儿子还有些不好意思。

"你是不是想奶奶做的肉啦？"奶奶就像知道儿子的心事一样。儿子没有说话。

"奶奶很快就回来了。"

"那好吧。"

男孩子会隐晦地表达自己的感情，不会大张旗鼓地把对老人的想念说出来。这可能就是一份担当吧？

（暖心贴）

和老人生活在一起的人不是很多，和老人和谐地生活在一起的人更不多。但我想说，两代人在一起生活，对孩子的教育是最直观、最健康的。孩子会看着父母如何对待老人。我想这就是父母的榜样作用。

孩子与老人的感情，是孩子一生感情生活健康的纽带。我们可以做榜样，理顺孩子与老人的关系，为孩子营造一个健康的家庭环境，让孩子学会尊敬老人、热爱老人。社会需要这样的方向。

现在的孩子不是不想孝顺，而是缺少对这个问题的正确认知。让孩子感情生活健康，孩子未来的生活质量会更高！

让孩子在责任中成长

现在的孩子，很多时候遇事都不会去承担，因为他们从小缺少一种担当的意识，缺少责任心。担当意识应该从小培养。

人非圣贤

人非圣贤，孰能无过？过而能改，善莫大焉！这就是对待孩子的问题的态度。

东西到处乱放，感觉就像是家传的习惯，老公、儿子都如此。这可能和生活的环境有关。其实任何一件事情都是有利也有弊。

婆婆是个地道的农村人，没什么文化，但具备中国传统妇女的所有美德：宽容、大度、善良、勤劳。

婆婆来了之后，由于我要生孩子了，还教着两个班的课，带着毕业班，所以家里从买菜、做饭到洗衣服，她全包了。老公从小就生活在这样的环境里，所以他从来不知道应该怎样做家务。想找什么东西，那简直太难了，即便东西就在面前，他都看不到。

儿子继承了这个"光荣"的传统。

婆婆每天都会把儿子的衣服放到床前，把需要的东西放在手边，自然儿子的自理能力相对就差一些。其实儿子是个很懂事的孩子，但这样让他的成长速度慢了下来。说实话，婆婆对儿子的好大家都是看得到的，可这种好带来的坏处就是孩子什么都找不到、什么都不会做。

有一天，儿子回来，没有穿校服。他说上课落在了操场，去操场找，找不到，到学生处去问，也没有。第二天，他又去了学校失物招领处，还是没有。

儿子有点上火了。他是个知道心疼钱的孩子，也知道珍惜东西。

我告诉儿子不用上火，东西丢就丢了，旧的不去新的不来，妈妈给你买新的，上火是没有用的。但一定要记住，为什么会丢？以后怎样能不丢？这样，你的衣服就没白丢，否则我们还会丢第二件、第三件，甚至将来可能丢的不是衣服，是其他更重要的东西。事实上，教育的作用不大，儿子后来在学校还丢过一次手机，还丢过一个特别喜欢的水杯。

其实，生活中的教育真的蕴含在点点滴滴中。有很多时候，我们关注到了，可以改变，但有些东西还是很难改变。我一直没有放弃，但儿子的习惯还是不太好，生活自理能力相对还是弱，因为周围爱他的人太多，关注他的人太多，替他做事的人太多。想改变现状就应该从根源抓起，但需要漫长的过程。

这是我不能改变的，也许我给了自己太多理由。说实话，婆婆在家里总觉得自己做这么多而有存在感，如果我剥夺了这个权利，老人的生活就会变得无趣得多，老人的心情会怎样？尽管代价很大，我也不能为此让老人过得不舒服，好在孩子长大了有些问题还可以及时纠正。

（暖心贴）

让老人有存在感、有价值感，这是一定要做的，毕竟每个人每天都要有生活的希望。我们不能把孩子的问题都归结到一个点上，可以想更多的办法去调整，创造更多机会去培养孩子好的生活习惯。我们应该对孩子充分信任。其实放手让孩子去做，他们可以做得很好。

只有不断地接触周围的事物，孩子才能对周边有正确的认知，才能了解自己的生活，才能驾驭自己的生活！

要让孩子学会承担，学会负责，这才是人生的正路！

（晨宇说）

我从小一直在爸爸妈妈、爷爷奶奶的呵护下长大。当我长大一些后，开始面对一些事情时，总会遇到各种问题。生活能力也是在我的强烈要求下和这几年的锻炼中逐渐培养起来的。

把握每个成长的机会

总会听到家长不让孩子参加军训，不让孩子参加外地的集体活动，家长一定有自己的理由，但我们却错过了一个孩子在集体中成长的最好的机会。其实我也不想，但一次都没有错过，因为对孩子来说，这是最好的成长机会。

"儿行千里母担忧"，这是十分正常的。

儿子去"四家子"基地学习，这是他第一次离开我，到外面生活一星期。这对我来说是一个巨大的挑战，因为儿子常年在我的视线之内。一下子让他离开我的视线，真的不太适应。

好在儿子理解我。我给儿子带了手机，手机短信与车同步。及时了解到他们的进程，我的内心就能安稳一些。

晚上，要睡觉的时候，他给我发来短信或打了电话，我才能安心地躺下。我知道，那里生活很苦，因为我带学生去过，条件并不好。但儿子告诉我，吃得很好。他在外面的时候，能克服各种困难，不挑食，也不随便花钱，在正餐的时候能吃得很饱。

有些时候，我都在想，如果将来儿子去远方上大学了，我该怎么办呢？真的很难想象儿子离开自己独立，但这就是未来不远的事实，我不能改变什么，只能接受。我会让儿子珍惜每一次锻炼的机会。

儿子很懂事，胆子还小，做事也有分寸，不会和同学胡闹。每次儿子回来，我都会默默地坐在他的旁边，看着他变黑的小脸、疲惫的身体。他是男孩子，总会站在坚强的队伍当中。我知道，作为妈妈，我要慢慢学会接受，学着让孩子独立和长大。

孩子离开父母独立生存，这是人生的必修课。其实我也明白，但就是很难接受。就像小时候，儿子第一次去农村，也是第一次离开我身边的时候，我是很难接受的。毕竟要有几天看不到儿子了，毕竟他一直在我身边，毕竟我看着他就觉得安全，就觉得踏实。但我们总不能因为这种离不开的爱而束缚了孩子的手脚。孩子大了，总需要到广阔的蓝天去翱翔。他们有自己奋斗的天空，我们不能做他们人生的羁绊，我们应该为孩子的人生助力。如果可以，我们要为孩子提供最好的空间，让他们自由自在地飞翔！

暖心贴

"四家子"在家长眼中，就是苦的代名词，但也是锻炼的机会。孩子都是父母的心头肉，大家都很心疼，这是正常的。但是，孩子们最终都要离开父母，独立生存，离开得越早，适应能力越强。我们不妨在条件允许的情况下，让孩子去锻炼，当他们翅膀硬了，就可以闯出自己的一片天空！

什么事都要让孩子参与。学习很重要，参与其他的事情也重要。学习只是生活一小部分，而生活大部分还是由其他方面构成的。我们要给孩子一个锻炼飞翔的机会！

骨子里的家国

儿子骨子里的东西是永远都抹不掉的，无论是爱国，还是正义，抑或是他的担当。

李小龙、叶问，在我家里是永恒的话题，是永远存在的精神。

儿子喜欢咏春拳是从电影《叶问》开始的，他自从喜欢上就一发不可收拾。他在网上查相关的资料，找有关的视频，买相关的书籍。

儿子一直崇尚一种精神，中华武术的精神。儿子骨子里有一种民族的东西，你会发现他的正义、他的大义，绝不是装出来的。儿子把国家、民族放在第一位，这是我最自豪的事情。我通常都会从民族的角度去教育学生，希望学生懂得什么是民族大义。

教育不是万能的，但我一直努力做一些民族的教育、有信仰的教育。我希望孩子们能像星星之火一样，可以燎原。民族正义，很多人不以为然，但很开心的是，儿子的心中一直存着这样一种信念。

儿子练习打拳很执着，要求我给他读拳谱，然后他做动作。弄不懂的地方，他会看图示。总之，我的角色是不可少的，就是一个给他提示的人。

他每天都要坚持几遍。其实我也很累，但只要孩子有需求，我一定会满足。我会认真地为他读，后来也渐渐喜欢上了，还可以认真地为他矫正做错的动作，因为我随时可以看到书上的图案，知道他的对与错。这样的快乐只属于我们娘俩，别人是体会不到的。

为了练习咏春拳，爷爷还在儿子的要求下，绑了一捆筷子，那应该是练咏春拳必不可少的道具。这捆筷子一直都在，谁也不能动。还有用柳条编的木圈，也是为练拳准备的。家里如果有空间，爷爷一定会给他弄个木人桩。你经常会看见儿子把双手放在木圈里，做着一些动作，认真而又执着，还很靠谱。

儿子喜欢咏春，所以有关叶问的电影，我们一个也没有落过。无论我们多忙，关于武术的电影都会去看，为了满足儿子内心对武术的渴望。

骨子里，我知道，儿子真的是一个顶天立地的男子汉。是一个有血性的阳刚的大男人！因为他喜欢属于民族的东西，他心里装的不能说是天下，但绝不仅仅是自己！

暖心贴

我经常告诉孩子们，不要做一个猥琐的小男人，世界不需要这样的男人。

每个人都有自己的需求，我们不能压制孩子的天性，我们应该让孩子有施展自己抱负的机会。

他们的喜欢往往都是内心的一种展示，是他们思想的一种外化。我们可以让孩子在这样的过程中展示自我，从而了解孩子，给孩子正确的引导，让孩子在喜欢的路上上一个更高的层次。

生活给每个人的机遇和内在的东西都是不同的，但我们应该做最适合自己的事，让孩子朝着最适合他们的方向发展，那样他们才会在人生的路上走得最好！

我是个武术迷，也是个武侠迷。我一直觉得中国武术是中华民族的魂，它代表中国人的意志品质和精神。这是男子汉的财富，也是民族的财富。

小的责任成就大的担当

在我这边的姐妹里，儿子在下一代孩子里，目前算是最小的。最主要的是，下一代孩子里只有儿子一个男孩，所以他的处境很尴尬。后来妹妹家又添了一个男孩、一个女孩，但他们都太小了。这样的处境，让儿子很不容易。

姐姐们心疼这个弟弟，但每家又只有一个孩子，教育的方式不尽相同，所以每家孩子都有自己的个性。我觉得大小这个概念淡化了许多，但男人女人的"角色"还是要分清楚的。

于是，在每次去姥姥家之前，我们都会有一番谈话。

"到了姥姥家，你一定要学会谦让，因为你是男孩子，男孩子就应该大度，能够承担，无论玩什么，你都要学会让着那些姐姐们。"

儿子还小的时候，我就一直这样告诉他。最开始的时候，儿子不懂，总是一脸茫然。毕竟他不明白，为什么要让着大孩子。

"那我想玩怎么办？"

"等她们玩过了我们再玩。再说了，你想玩的东西，妈妈都给你带了，只要你想玩的，咱们家都有，如果没有，妈妈也会去给你买。就是不能和她们争抢东西，知道吗？"

"那你说话算数，我也想要的话，没有你就给我买。"

"没问题，你要做得好，妈妈就奖励给你。"

一定要让他明白，不是因为他想要，而是因为他做得好，才奖励他，他自然就会努力做好。

"妈妈知道，你是个最懂事的孩子，大家都喜欢你，所以你要学会包容。你是个大气、帅气的男孩子，这个你不想承认都不行，不是吗？"

儿子每次都会开心地笑笑。时间长了，都不用嘱咐了。他不会与姐姐们争抢任何东西，也没有发生让我买东西的事情。教育本身就是这样，你让他学会谦让与包容，他只会让人看他的眼光更高远。他自己是能感知到的。

大姨和大姨夫喜欢儿子，总会和他开玩笑。小的时候，儿子经常被他们逗哭。

我就会告诉儿子：

"大姨他们两个是因为喜欢你，不管怎么逗你，都是因为想和你玩，只是方式和爸爸妈妈不同。他们为什么愿意逗你？就是因为他们觉得你最小，又那么懂事，所以才和你玩。要是不懂事，你总哭，谁还愿意理你呢？"

"那倒也是，我不再哭了。"

"这就对了，我们需要容得下所有的人和事。其实他们没有任何恶意，都是因为喜欢你，这点你记住就行了。"

儿子好像后来就再也没哭过，而且时常还可以和他们两个闹一会儿。这就是生活，点滴都要教给孩子。

经历就是财富

无论领着儿子去哪里、无论经历什么，我觉得这都是财富。孩子小的时候，外出就是为了玩，孩子大的时候，外出是为了让他们长见识。

领儿子出去玩的时候很多，但去北京和大青沟却让我印象很深。

在天安门前，儿子和天安门合影，让你感受到了一种别样的画风。小小的人、大大的主席，但似乎并没有违和感。儿子还有一张和两个外国小孩的合影，那份亲密、那份从容，让你感受到的是一种大气与开怀。

在八达岭登长城，那时候儿子五岁左右。别看儿子小，他胆子可不小，自己坐在了古城墙口上照相，还有很多地方都是自己登上去的，看起来还是很有劲的。到好汉坡时，我们看到了"不到长城非好汉"的字样，儿子认真地当了一回好汉。我们讲述着长城，体会着历史的烈火烽烟，看到了满脸兴奋的儿子。

去草原是回北京的路上的一个计划，想让儿子看看真正的一望无际的草原。

一路上感受的真的是"风吹草低见牛羊"的感觉。蓝蓝的天、白白的云、青青的草，喝着膻味浓浓的奶茶，看着纯正的蒙古包，吃着真正的手抓肉，第一次直面草原。

儿子看得最认真的莫过于当地人在门口唱着歌，献哈达的过程。儿子一直在看着这样一个新奇的事情。当然，小孩就是有着很强的好奇心，不久就去了蒙古包外面。他在草丛中观察着小飞虫，草原的虫子多，蚊子就更多了。儿子不断地看着小虫、大马、牛和羊，总也看不够。

大青沟的漂流更是让我终生难忘。

儿子和老公一个皮船，我和一个当地人一个皮船。我本来想给儿子拍照，同时也能看着点儿子。儿子并不很害怕，感受着水流的新奇，可蒙古族人的好客让我实在有点害怕了。他们舀了好多水，往所有认识与不认识的皮船上倒、扬。儿子和老公的皮船也没例外。说实话，我比他们扬我还要着急，因为孩子太小了，我真怕他掉到水里。儿子很勇敢地在那里坐着，眼中更多的是好奇和好玩。

可我却不小心翻到了河里，相机、手机等都掉到了河里。我有些生气。这次漂流，我的损失很大，但儿子却让我看到了他的另一面：沉着、镇静。

每一次经历都是一笔宝贵的财富。

暖心贴

漂流对于很多大人来说，都有些害怕。儿子被蚊子咬了很多包，但每一次经历，都让他见识了很多东西。他会对草原、对漂流、对蒙古包有一个初步的概念。他能感受到蒙古族人的热情，能体会到自然界的神奇。

晨宇说

与自然界中的生物一样，每个地方的风土人情也会给好奇宝宝们带来无限的快乐和回忆。虽然可能很多事都不记得了，但对孩子的影响却是潜移默化的。读万卷书和行万里路，两者同样重要。

学会坚持，遇见更好的自己

坚持是做事成功的最关键的因素，太多的失败都由于不能坚持，所以让孩子学会坚持，就等于学会了成功。

很多家长都特别心疼孩子，总觉得自己吃过不少苦，一旦孩子遇到什么问题，孩子还没有怎样，家长就先打了退堂鼓。原因很简单，就一个孩子，为什么要吃这些苦，为什么一定要坚持去做这些事情？不做不也会活得挺好的吗？孩子的坚持就这样被家长一次次地打败了。于是，我们看到的结果就是，孩子做什么事情都坚持不下来。事实上，成功贵在坚持。

喜欢就去做

无论什么事情，只要孩子喜欢就让他去做。兴趣是最好的老师，有了兴趣，做事才能成功。

谈话
我从来没有想过，儿子在四岁左右的时候就会和我进行第一次正式对话。

幼儿园里有一个试唱练耳班，还有一个钢琴班。儿子总说自己喜欢这些，我也没太当回事。喜欢就学吧，每节课也没多少钱。

有一天，儿子回家说："妈妈，我们要到联合书城参加钢琴比赛，老师让我参加。""好啊，那我们就去吧。"

儿子弹得很好。当时艺术学院钢琴专业的老师对我说："这个孩子的琴如果练不出来的话，应该就是家长的事。"这句话说得很坚决，没一点余地。我想到了儿子前段时间和我的对话。

"妈妈，我想和你谈谈。"一个不到四岁的小屁孩，认认真真地和我说，要和我谈谈，你不觉得又震惊，又可怕吗？

"我们谈谈？"

"是啊，我想和你谈谈买钢琴的事。"

"妈妈不是心疼钱，可你看看好多家庭给孩子买的钢琴，都变成家里的摆设了。钢琴很占地方，还没用，你说买它干什么呢？"

"我喜欢弹琴，妈妈，你给我买吧，我一定不会让你白买的。"

"学琴是很艰苦的事，很多人都是学了一阵子就放下了，妈妈对这件事也没有把握啊！"

"妈妈，你是不是就怕我坚持不下来？我能行的。我会坚持的，我喜欢弹琴。就给我买了吧！"

"儿子，这是很大的一笔钱，妈妈爸爸得商量一下，好吗？"

"嗯。"

儿子眼中的那份渴望是我一直忘不了的，但我觉得还是应该看看他到底对琴有多热爱。

儿子没再提这件事。每次去幼儿园接儿子的时候，我都会看见他在钢琴前恋恋不舍。我知道他喜欢，心里有点想给他买了。儿子能坚持吗？这是让我犹豫不决的最大因素。

这次联合书城的表演，让我感觉儿子是可以学好的。

晚上，儿子和我之间又开始了对话。

"儿子，你知道一台钢琴有多少钱吗？"

"很贵吗？妈妈。"

"是的，可能要爸爸妈妈一年的工资啊！"

儿子的眼中闪过一丝复杂的表情，但还是充满着渴望。

"儿子，记住妈妈的话，只要你想学，多少钱妈妈都认可，你需要有本领，妈妈爸爸有义务让你受到最好的教育，这是妈妈爸爸应该做的。你不用有什么心理负担。但妈妈还是要问你一句，你是真喜欢吗？买回来钢琴，你一弹可能就会弹一辈子的，会很累，很辛苦的，你能行吗？"

"妈妈，你还是担心我不能坚持下来，是吗？"

"是。"

"妈妈，你放心，我一定能坚持下来的。"

看到儿子坚毅的神情，第二天，我就买了钢琴，差不多是当时最好的琴了，花了我和老公一年的工资。我想，既然让孩子学，就让他用得最舒服、最合手。

钢琴买回来了，儿子的那份喜欢是从骨子里透出来的。这才真正叫爱不释手。

(暖心贴)

　　孩子的兴趣会很多，一定要把握住可能会坚持下来的。把这件事把握住，我们就了解了孩子的优点，对孩子未来的发展大有益处。

坚持

学钢琴有波折是太正常的事了。这份坚持我觉得弥足珍贵。这份坚持不只是孩子的坚持，更是家长的坚持。

到现在为止，儿子可以自弹自唱，自得其乐，这是坚持付出的回报，是十年如一日练习的收获，是一天几小时的汗水。人生的拼搏也无非如此而已。

买来钢琴就涉及找老师的问题。我不想让儿子走弯路，所以在2003年初，就通过人找到了40分钟200元钱的专业钢琴教授。一个女老师，家在红旗街，30多岁。当时的200元可以说是太贵了，但为了孩子一定要咬牙坚持。

我每周要和儿子打车去红旗街，然后再打车回来。有时候儿子会晕车，还得下来走一段路再打车。那一段日子，是对经济和精神上的巨大考验。我和儿子每天都自己找点乐子，让路上的时间过得快点。

儿子学钢琴不到一年时，有一天，儿子很委屈地告诉我："妈妈，我不想学了。"我当时都有点把控不住自己了。"为什么啊？当初不给你买，你非要买，学了几天就不学了。你当初怎么说的啊？"我一连串的质问，让孩子不知所措。我真的有些生气了，但马上冷静下来。

"儿子，告诉妈妈为什么，你不是特别喜欢琴吗？"儿子很无奈、很委屈地坐在那里，不知道从何说起的样子。"你随便说，妈妈不会怪你的。""妈妈，钢琴老师总打我的手，有点儿不对就打，现在手还疼呢。没法弹啊！""什么，钢琴老师打你了？你怎么不和妈妈说？她为什么打你啊？""从开始就打，只要不太对，她就打我的手，我害怕。"看到孩子的神情，我知道自己错了。我找到了最好的钢琴老师，但我忽略了一点，这个教师是教大人的，根本不知道怎么对待小孩子。她以为打就有用。可现在看来，儿子的兴致已经被她打没了。这全是我的错，我太大意了。

"对不起，儿子，是妈妈错了，妈妈改，咱们不上了。咱们找个你喜欢学的地方。"我搂着儿子，心都要碎了。儿子为了自己的爱好需要承受这么多。

于是，我开始重新为儿子物色老师。

我真的没涉及过这个领域，什么也不知道。我一度想，是不是可以不学了，连最专业的教授都不能教好孩子，能有人教好孩子吗？

正好在这个时候，我和老公在师大读硕士，同学在一起谈话是不受限的。于是，我们提到了儿子，提到了自己的难处。同学向我推荐了后来的钢琴老师，说这个老师总教小孩子，很有耐心。那位老师据说是少年宫的。说实话，我有一种"病急乱投医"的感觉，其实内心不太认可，毕竟刚刚教过孩子的可是专业的教授啊！

可见到了王老师，我就知道，儿子有希望了。因为她对孩子有太多的鼓励和表扬，这是小孩特别需要的。于是，我们坚持了整整十年！

暖心贴

听过好多故事，都是有关孩子学钢琴的，也见过很多家的钢琴一直在角落里守候着。当遇到困难的时候，我们都想放弃，都有一种无从下手的感觉。我觉得我是幸运的，当然骨子里有一份坚持，让我品尝到了后来幸福的果实。

一旦想让孩子做什么，家长首先要坚持，这是不能改变的初衷和底线！

陪练

到现在为止，我都很佩服儿子。

儿子从小就有一个好习惯，那就是自己学习。儿子学奥数我没跟过，因为我没时间，我也跟不上；学钢琴我更没跟过，因为我更跟不上。

每当看到五线谱上那些令人头疼的"小蝌蚪"的时候，我真不敢想象儿子居然能把那么多的"小蝌蚪"都装在脑子里，然后再弹到琴上。我觉得那是一项伟大的事业。

大约在儿子考过五级以后，老师就曾经和我谈过，现在这个程度，靠孩子自己练习可能不行了，会出现练不明白而半途而废的现象。现在的谱子越来越难，如果没有陪练，可能就彻底学不会，最后就放弃了。

我于是和儿子谈了一次话：

"妈妈给你找个陪练啊？""为什么啊？""老师不是说到了难度加大的地方了吗？""不用，妈妈，我还可以，我自己都能抠下来。只是可能慢点，每周的进度可能要放慢了。""你能行吗？老师可说了，到你们这个水平的时候，就应该有老师陪练，不会的话，直接就问老师了，你觉得需要吗？""我觉得不需要。"

这是老师第一次提到这件事的时候，我和儿子的对话，但我明显感觉到儿子抠曲子很慢，因为难度在加大。

看到儿子在认认真真地往下抠曲子，我有时候都觉得看不下去了。儿子眼睛不好，所有的曲子都是密密麻麻的，像一堆小蚂蚁。儿子的眼睛日趋近视，我的心很痛。钢琴是儿子的兴趣爱好之一，我不能不让他弹，可这对眼睛十分不好。

"儿子，要不我们找个陪练吧，这样就不用累眼睛去抠了。""妈妈，只是不抠了，我也不能不练啊，这样不还是一样得用眼睛吗？""是啊，可也得想想办法啊，总不能就这样下去吧。"

后来，老师告诉我，可以把谱子放大复印，这样就能缓解眼睛的疲劳。可谱子放大后还有不好之处，钢琴书正好可以摆在书架上，一旦放大之后，放在那里特别不稳，还是很闹心的。

后来，就没再想出太好的办法。儿子就这样坚持着。

很多的时候，一个曲子可能要抠一个月，长的名曲甚至可能要抠两个月。但儿子的执着感动着我，我知道儿子将来做事一定会有所成。

到目前为止，儿子没找过一次陪练，省下的可能是很多的钱，但磨炼的却是他顽强的意志。

(暖心贴)

坚持一件事很难。儿子学琴居然坚持了 10 年，这是一个让我震惊的数字。

同事家的小孩子，不知道从哪天起就找了陪练。据说每年的陪练费用要一万多元。我不知道是不是家里没钱，但总觉得我收获的要比一万元钱多得多。最主要的是成就了儿子人生中最优秀的品质。我们的孩子需要经历摸爬滚打，这才是人生最可贵的财富！

成功的基石

我不知道儿子现在算不算成功，但至少在我的心里，儿子很优秀。可能孩子在父母眼里，永远都是最优秀的。

应该说，儿子上了这么多年的学，制胜的法宝就一个，那就是好的学习态度。

儿子从小做事就有坚决的态度，如果说这是胎教的结果，我自己都不太信。有人说，有的孩子天生就是学习的料，这句话我有点信。

记得儿子上幼儿园的时候，他就和别人不同。幼儿园的课也是 40 分钟，别的小孩子可能坐几分钟就坐不住了。可儿子会坐 40 分钟，而且听得很认真。当时的老师都感觉很奇怪，怎么可能会有这样的孩子呢？可这就是事实。

上了小学，儿子还是有这样的优势，他没有像别的孩子一样，到处补课，也没有把作业做得很费力。他做事特别专注，特别认真。

到了小学三年级必须学习奥数的时候，我们学了。但课程太多了，我们就定了一个原则：课可以去上，但回家之后不能学，只能玩。儿子一直是这样做的，他在课堂上认真听，老师让在课堂上练习的，认真去练，回家后从来没有把奥数书拿出来过，从来没有在家里做过一道题。在小学五年级的时候，他就考上了重点初中免费的小班。儿子似乎没太费力气，但上课的时候付出了别人几倍的精力。他努力听老师讲的每一句话，不会漏过任何一个信息。所以，他知道，只要是听过的，他就一定会。

这是孩子的优势，一定要支持他坚持下去。

上了初中之后，我真的有点挺不住了。别人家的孩子都在外面补课，儿子一节课也没补。怎么办？儿子明显和别的孩子有差距，但我不想让孩子在课外多上课，这就又得向课堂要效率。

"妈妈，没问题的，我会努力的。"儿子在课堂上努力地听课，别的孩子有写作业的、有睡觉的、有说话的。从初一到初二，他一直都在这样做，尽管他的成绩不如别人，毕竟那些孩子都学了好几次了。在初三的时候，当他们复习的时候，儿子告诉我："妈妈，我终于翻身了。"因为初三，他们站在同一起点，儿子的高效、好的学习态度一下子显出了明显的优势。儿子在初三的时候成绩一直很好，最后又签约免费上了吉林大学附中。

好的学习态度真的可以受用一生。

（暖心贴）

有的人总在说，你们都是老师，可以辅导孩子，孩子想问什么就问什么。但我想告诉大家，即使我们是老师，也有很多不会的东西，我们即便告诉孩子，那也是有数的几道题。而我觉得最成功的教育，不是教会孩子多少知识，而是让孩子养成好的习惯和学习的能力，这是让孩子受用一生的东西。

授之以鱼，不如授之以渔！

（晨宇说）

我也不知道我的学习习惯和学习态度是什么时候养成的，但很多老师都夸过我。我想，这与小时候的训练和天生的性格都不无关系。现在我也坚持听课一分钟不差的习惯，即使作业再多也绝不在上课时间做题。如果说我的学习还算不错的话，我想我唯一比别人优秀的就是课堂效率。也正因为如此，很多人都会问我：你看你一天天地写不完作业，练习册也不怎么做，球也没少踢，怎么就考这么好？我想告诉大家的是，如果上课能投入100%的精力，那课后的巩固复习根本花不了很长时间。听十分钟的课远比写十分钟作业有用得多。

我有我的原则

作为一名教育工作者，我最抵触的是让孩子失去童年，在应该玩的时候失去了本真。我们身边的很多孩子真的没有童年。所以我一直坚持，还儿子一个快乐的童年。

对于补课的事情，我一直持反对的态度，有自己的原则和底线。我的儿子就是这种思想的最大受益者，但我不得不承认，儿子也吃过些亏。

这得从小时候说起。我一直不主张儿子补课，所以儿子在童年时就是无休止地玩，做自己喜欢的任何事情。看书是他的常态，玩玩具也是他每天生活的一部分，还有开心地和父母玩耍。儿子可以拿着小凳到联合书城坐一天，可以在楼下用水枪打蚂蚁，儿子生活的时间和空间非常自由。

把童年还给孩子，我觉得作为家长我做到了。

儿子小的时候，上过他喜欢的钢琴课、绘画课、乒乓球课、书法课、英语课，他说他喜欢，他想上，他不累。他对英语课的坚持让我都觉得不可思议，最后把新东方的课都上没了，还想换地方上。这可能是儿子骨子里一直有的东西，那就是执着。

每次上课都是他要求的，通常都会和我商量会不会给他交费，连接送都不会提。我觉得自己没有理由拒绝儿子，如果连儿子想学习的钱都不给交，实在说不过去。但上课是有要求的，上课要认真听讲，回家最好不再占用玩的时间，你在课上学到多少，你就得到多少。

没想到，这让儿子养成了高效学习的习惯，上课的效率极高，回家基本上不用花太多时间。直到今天，儿子上课效率高这件事，还是他得天独厚的优势，无论在初中还是在高中。

亏还是吃了一些。比如上初中时，因为没有补课，最开始的时候，心理压力特别大。别人在外面已经上过好多次课了，有些地方已经错过了好多次，在学校的考试中，他们不会再错了。初中时分数差5分，名次都会差很多，儿子初一、初二都很压抑。可是，初三就成了儿子的天下，因为大家站在了同一起跑线上。

这两年的过渡是一般人很难承受的，所以我不知道补课到底能给孩子带来多大的益处。但是，至少儿子在这方面锻炼了毅力，一直在坚持，赢在了终点。如果坚持不下去呢？信心是不是就没了？那后果将不堪设想。所以，如果补课，补的也不是课程，而是自信。

(暖心贴)

有些家长一直在给孩子补课的路上，这样做无可厚非。但补课到底补什么、应该怎么补，这是补课之前应该想好的。补课要有针对性、有意义，才能补上成绩，补出自信。

其实，无论上什么课，都要从孩子的兴趣出发，按照孩子的需求来补，才能学得有意义，学得有价值。为什么有的孩子长期补课还不行？是笨吗？不是，是因为缺少正确的认知。孩子需要科学合理的指导，才能真正做到查漏补缺。

（晨宇说）

　　我从小都是凭着兴趣补各种课，后来为升学上了奥数班，但学了一段时间后确实产生了兴趣。我也看到很多坐在我附近的同学上课外班就是为了玩，或者说是被家长要求来补课。他们不听课，玩手机。这样的例子实在太多了。让孩子补得有效率才是真正理想的补课方式。

给孩子的幸福力1

学会节俭，从点滴做起

我们应该从小培养孩子正确的金钱观：想花钱要自己赚，想赚钱要走正道！要告诉他们，什么钱应该花，什么钱不应该花，什么样的钱可以赚，什么样的钱不可以赚。只有你教他了，他才能懂，如果不教他，他很难想明白，因为周围没有人去思考。

抠门好处论

抠门是有好处的。

儿子三岁左右的时候，去胜利公园玩，由爷爷领着在园中园玩。孩子在里边玩得很开心，自然爷爷也放心地待着。

一个戴着大檐帽的中年妇女来哄他们玩，最后对儿子说："你们两个和我出去玩，我给你们买好多好吃的。"儿子从小就听话，觉得不能浪费钱。他知道来这个小园玩是要单独花钱的，于是跑到爷爷跟前问："出去之后回来还要钱吗？""为什么要出去啊？""有个阿姨要领我们出去玩。"当公公去看的时候，那个女的已经低着头跑很远了。

孩子的"抠门"避免了悲剧的发生。我真的觉得后怕，很难想象孩子丢了，我的未来会是什么样子。社会中总会有这样的人，让人防不胜防。但是，对孩子加强安全教育的同时，我们还应该让孩子看到世界的美好，让孩子善待他人。

我教孩子要与人为善，对人要忠厚善良。儿子坐车的时候，看到老人，都会主动让座，看到走不稳的老人和孩子，会伸手去搀扶。他会不由自主地去做，会让更多需要帮助的人得到帮助。

我没有在孩子的内心留下不好的东西。我要让孩子知道，社会需要一些美好的东西，更需要我们每个人做得很优秀，这样才能传递美好，让社会充满和谐温暖。

我们不是有多么高尚，但我们应该让孩子的内心充满阳光。我们的教育怎样才能做到更好？我想说，首先从让孩子有个健康阳光的心态开始。无论他经历过什么，看到过什么，一定记住告诉孩子，好的东西是所有人都崇尚的。

对于孩子的经历，应该有一个良好的处理方式，了解事情对孩子的影响，从而对孩子进行正确的引导。如此，孩子的经历就会是一种收获。

社会很大，总会出现这样那样的问题，有很多事情是没有办法回避的，只能接受。生活在这样的环境中，我们应该从正面教育孩子如何面对社会，如何为社会的正能量加一些砝码。

任何事物总有好的一面与不好的一面，当我们引导孩子走向好的一面时，我们的孩子就会变得更为优秀，但如果我们不做正确的引导，孩子的价值观、人生观是模糊的，他们的认知是有一定限度的，很容易走入误区。

家长一定要做孩子正能量的引领者！

原来我也有弱项

说实话，家里的经济条件不算好，也不算太坏。我们让孩子花钱还是有的，但花钱却变成了儿子的弱项。

儿子小的时候，我就告诉他，只要是你读书的需要我们一定会满足你，我们的能力仅限于供你读书。至于想做其他的事，那就得凭本事，有能力你就享受生活，没能力就过最平常的日子。我常常告诉儿子：一毛钱有一毛钱的幸福，一块钱有一块钱的幸福。要看你自己的人生定位在哪里。

其实，很多时候我很庆幸。公公婆婆是特别通情达理的人，他们不惯着孩子。他们花钱很仔细，而且在儿子面前也不回避。他们更没有太多的钱拿来给儿子，所以儿子从小就知道钱是来之不易的，不能随便花钱。

儿子所有的压岁钱都让我给他存起来了，所以儿子对钱是没有概念的。儿子从小就不乱花钱，一分钱都舍不得花。有一次，他差一点被人拐走，就是因为怕回到游乐场再花钱，结果没被骗走。

有一次，儿子去北京参加社会实践，给他带了 200 元钱。回来的时候，他一分钱没花。我有点傻了。他会变得吝啬吗？男孩子这样可不好，这岂不变成了儿子的弱项？

"儿子，你得学会花钱啊？你不能成小抠啊！""妈妈，不是你想的那样，我们周边这几个人都没花钱。最开始买小纪念品的时候，我们就觉得不值。后来发现他们上当了，开始是五元一个，后来五元两个，最后到的地方，一元一个。我们觉得太没意义了，就没买。上山的时候，山下的水两元，到山上就五元，忍一下就好了，我们回去烧水喝，还解渴。"我诧异地看着儿子，什么时候生活成了这样了呢？

"那你们同学还有不够花的呢？""他们什么都想买，当然不够花了。我觉得性价比不高，所以就没买。""儿子，人得学会浪漫，学会有人情味，有时候应该花的钱还是得花的。""我知道的，妈妈，其实，这次出去觉得实在没什么需要买的。你不让我给你们买礼物，那就更没花钱的地方了。"

后来，我认认真真地和儿子谈了一次，就是关于如何花钱的问题。

钱是可以赚的，不能把钱看得太重。爷爷奶奶之所以不舍得花钱，是因为他们生活在一个很艰苦的年代。他们过得太辛苦了，所以一分钱都想掰成两半花。而我们生活在这样一个年代，钱不是最重要的，做人是最重要的。一定要大方，应该花的钱一定要花。别把钱看得太重。钱可以赚，但人气没了，就什么都没了。

儿子郑重其事地听着，努力做着。到目前为止，我没限制过儿子花钱，但儿子也没乱花过一分钱。

（暖心贴）

我们不能跟着孩子一辈子，所以让孩子学会花钱、学会挣钱，那才是一座花不完的金山。我们要教会孩子花钱，让孩子知道什么应该花，什么不应该花，怎么花是对的。

很多人可能觉得很可笑，认为这不用教。是的，如果没有正确的认知，孩子乱花钱也不是他们的罪过。要和孩子多交流，让孩子树立正确的世界观、人生观、价值观和金钱观。

（晨宇说）

我花钱一直都很有节制，甚至基本都不花。我想一是跟爷爷奶奶教育有关，二是基本上要什么父母就买什么，根本不需要自己买。不乱花钱的习惯是一天天潜移默化形成的，但不花钱也是绝对不行的，这是处世的度的问题。

传统教育的盲区

礼仪文化是中华民族的宝贵财富，而这种文化的传承现在却走入了一个盲区，很少有家长让这种教育走进家庭。

我们家是最传统的家庭，五口之家的标准家庭。爷爷奶奶是老传统，老公是"70后"，家里的教育相对是传统的。在我家，父母都是老师，相对要求就会更多一些，我对一些礼节性的东西看得还是很重的。

我经常和儿子讲一些事。小时候，父母要求我们，在大人没有上桌前是不能动筷子的。吃饭的时候，不能张嘴出声地嚼，特别是不能吧唧嘴。那样的话，吃相太差了。还有不能用筷子弄得碗很响，碗里不能剩饭粒。总之，对于一个成长中的男孩子，一个在外面的男孩子，一定要坐有坐相，站有站相，吃有吃相。

儿子在这样的教育下，吃得很文雅，但男孩子还是有一股男人劲，有时候还是狼吞虎咽的。

让我记忆犹新的是儿子吃花生米的样子：一只小手托着自己的头，歪个小脖，一只小手在不断地重复着一个动作，拿一粒放嘴里，频率都是相同的。记忆中的儿子一直是坐在桌前吃花生米的。

儿子长大了些的时候，我就不太在意了。很多时候，你会发现他的一只手总是不在桌子上，另一只手在吃，而碗是在桌子上的。这是最不让人满意的样子，但没有办法，最开始的时候没有发现，等发现的时候已改不过来了。

"你那只手退休了？""没有，可大家都这样啊！""可妈妈觉得还是不好，如果可以还是改过来好。""没事，也不影响大事。"儿子笑嘻嘻地就过去了。反正确实没有什么原则性的问题。

但这样吃饭有一个坏处，就是总往地上掉东西。我经常逗儿子："你吃过饭后，地上掉的东西都能喂饱一只公鸡。"儿子总会露出一种坏坏的笑。

"儿子，我们总说节约粮食，其实我们没有办法遇到很大的事，每个人一辈子很少遇到惊天动地的大事，但在日常生活中，我们是可以做到节约粮食的。现在还有挨饿的人，我们这样做是有罪的，你说呢？"

"真还有挨饿的人？"

"当然，有好多孩子现在还吃不上饭，更别说吃好的了。总会有一些需要帮助的人。"

我知道儿子的软肋在哪里，儿子一直有志于做一些公益事业。他曾经和我说过，将来如果自己能把事业做大的话，将力所能及地从事一些公益事业，这是骨子里的善良。

确实，这件事没什么实质问题，但教育要注重生活中的点滴。

现在儿子吃饭，地上不再有掉的东西。其实教育本身没有定论，只是在生活点滴之中。

传统的教育是不能丢掉的，我们往往在无意中丢掉了最应该珍惜的东西。

生活中教育的契机有很多，包括吃喝玩乐，生活中的每件事看起来都没有太大的影响，可事情积累多了，孩子的状态就不一样了。

如果每件事我们都让孩子有正确的态度，孩子做事情就会有正确的认知。如果有些事情不及时纠正，总觉得无所谓，就会成为习惯，再想纠正实在太难了。教育是一个很细、很慢的过程。

礼节是一定要有的，而且不能浪费粮食。很多事都可以是教育的契机，抓住某些小事会让孩子把一个道理记一辈子。

节俭也要有度

儿子在生活方面这个所谓的优点是我不太认可的一件事情：节俭。有人说这是随根了，也真有家庭的因素。

可能有人说，这不好吗？我肯定地说，节俭是一码事，可吝啬不应该是男人做的事。这件事，我觉得自己没有办法改变，因为儿子已经将节俭刻在了骨子里。

这是和老人生活在一起的好处，也是不好之处。

老人花钱仔细，儿子从小就和爷爷奶奶在一起，用耳濡目染来形容就更合适了。他们从来不乱花一分钱，不应该花的一定不花，应该花的也不一定花，所以花钱这件事我一直觉得将来可能会是孩子的一个问题，现在看来确实这样。

儿子花钱特别有数，你不会看到他乱花一分。他花钱会去考虑值不值得，会考虑东西的性价比，值得才会去买。

这个伤透了我的脑筋。做事总得有个度吧，如果他的这种做法用在同学之间、朋友之间，这还能算是节俭吗？这不就是典型的抠门吗？

"儿子，我们在生活中节俭是对的，这样一点毛病都没有。但有些时候，得学会花钱，比如和同学在一起，应该你花的时候，就不能等同学去花，不能占别人任何便宜。"

"我知道，可也没有太多花钱的地方啊！我们和你们不一样，大家都是 AA 的。"

"那是，但有些时候，需要我们多花点的时候，我们别让人觉得自己把钱看得比什么都重要。钱可以自己去挣，但人脉不是花钱就可以买到的。"

"同学之间，应该没有那么多说法，我觉得同学之间还不需要这些。"

"也不完全是，当同学需要的时候，你就不要吝惜钱。钱我们有机会赚，但朋友只会给你那么一两次机会。没有碰到具体的事情，妈妈也很难说得清楚，但绝不能太在意钱，这样人家看你的骨子里就是个小抠。当人们给你这样定位时，没有人愿意和吝啬的人交往，对吧？"

"那倒是。"儿子若有所思地点点头。

儿子节俭，但确实不太看重钱。这是一个很难的教育议题，毕竟需要把握一个度，总不能让孩子大手大脚去花钱吧？

暖心贴

其实，很多家长都发愁孩子花钱太多、太随意。有些孩子花钱没有计划、没有想法。他们只知道大大方方地花钱，而不知道钱来得多么不容易。

作为家长，要好好把握这个度，既不能让孩子不花钱，也不能让孩子花得太过分。

我们应该帮助孩子做月支出，或者做日计划，如实告诉孩子工资的额度，让他去对比，告诉他你一天能挣多少，他会花多少。其实仔细和孩子分析过，他一定会反思自己应该怎么花钱的问题。

花钱是一个技巧，也是一门生活艺术，我想还是趁早教给孩子们好！

体验自信，拥抱成长

自信是一个人成功的必备因素，自信的人会努力让自己走向成功。让孩子相信自己，让他品尝成功的滋味，他就会慢慢走向成功。

我家钢琴很快乐

很多家的钢琴都是闲置的，因为总会有一些孩子学习钢琴半途而废，钢琴自己默默地躲在角落里。而我家的钢琴却与众不同，因为它一直发挥着自己的作用，总会有指尖在上面流动。它一直过得很快乐。

考级

最开始学琴的时候，我真的什么都没想过。只是有这样一种定位，儿子长大之后，别再像我一样，想自娱自乐都做不到。儿子学琴，也是我的一个梦想，主要是儿子也喜欢钢琴。

其实，我一直想让孩子懂点音乐，当想高兴地去玩的时候，不至于像我一样，唱歌跑调，而且什么乐器都不会，这在单位也是不吃香的。如果会点什么，一定会让别人刮目相看。有人说，如果钢琴能学好，以后学什么都可以了。儿子那么喜欢，于是我就领儿子走上了学琴之路。

我曾经和老师探讨过考级的事。老师说，确实有的孩子就为了考级而学钢琴，那样的话，他们只要练习考级的曲子就可以了，谁都可以练过去。但问题是，这样的孩子将来是没什么发展的。如果想真正学点琴的话，应该按部就班地学，不能为了考级而学琴。

所以，我们就从最基础的学起。儿子学得很开心。当然，练习的时候也很苦。

儿子学得还可以。老师说，我们不是为了考级而考级，可现在他能考了应该让他考。于是，儿子就开始了不为考级而还在考级的生涯。

10级考了两次，确切来讲，这是儿子经历的人生的第一次不利。他哭了，哭得很伤心。其实，我也很为儿子伤心。

10级的曲子和调子都很长，整张谱子看不到空白的地方，那些"小黑点"都要装进脑子里。准备考级的两个月里，儿子每天要弹六七个小时琴。那年暑假我们哪也没去，儿子每天大多数时间都在弹琴。我经常看到儿子会活动手腕，活动手指，否则就没有办法弹下去了。几个小时过去了，儿子脱下了背心，太热了。儿子那么投入地弹，两个手指在键盘上疯狂地跳着属于自己的舞蹈。你看不清它们跳动的方向，但耳边却传来悦耳的钢琴声。

每当坐在儿子身后，我都很感动，都很佩服。一个人如果能把琴弹这么好，调动了自己周身的一切，他还有什么做不好的呢？

我最常和儿子说的就是：儿子，妈妈太佩服你了，你太厉害了。

儿子往往带着一丝不好意思的笑容。这就是一个不炫耀，但心里很有数，能坚持的孩子。

暖心贴

考级对于很多人来说是一个停滞不前的梦。记得一个家长和我说，儿子考五级的时候，让我打了好多遍，就是不练。其实这就是沟通方式出了问题。所以，孩子止步了。

其实，我们可以鼓励孩子，肯定孩子，给孩子更多前行的动力。如果处理得理性一些，钢琴不是一个梦，其他任何事情也不是梦！

自弹自唱

自从考完10级后，儿子弹钢琴就变成了自弹自唱、自我娱乐的主要方式。

他现在有时候还学一些名曲。儿子有自己的想法。

"妈妈，我想学习作曲，可好像自学不行。你和老师联系一下，看看能不能教我作曲啊？""好的，那你就是想再上点作曲的钢琴课呗？""是的，我总觉得那些名家在玩音乐的时候，他们都会自己作曲，我应该学一学。"

可是，钢琴老师没有太多的时间，因为她家的小孩子要参加中考。这件事情实际上是让我给耽误了。

儿子现在的水平有了很大的提升，如果在外面听到一个很好的节奏，他可以自己在钢琴上弹出来。

有一天，他开始教我了。

"妈妈，你过来，我自己弹自己唱，感觉气儿不够用，你来唱吧。"

"啊，我也不会啊，我会得太少了。"

"没事，我教你，我弹你唱，你说是弹出调子还是不弹出调子呢？"

儿子做事的那份认真是他最可爱的地方。

"你说得太专业了，我根本不知道你说的是什么意思，你让我怎么选啊？这事有点难度。"

"你看我给你示范一下啊！这样弹你听出调来了吗？"

"没有啊！"

"现在你听我弹，这回能不能听出来？这就是区别。"

儿子学过钢琴，他懂乐理，自然唱歌就有着自己的想法。他琢磨怎么唱好听，最主要的是他喜欢琢磨音乐。在音乐里，儿子是一只自由飞翔的老鹰，他高傲、畅快、自在，他把自己骨子深处的那份倔强表现得淋漓尽致。

儿子对音乐的热爱是你很难想象的。因为热爱，所以他执着于唱歌。你都不知道他什么时候学的。基本上，我能听到的最流行的歌曲一定是从儿子的口中听到的。最主要的是儿子能够把握时代的脉搏，他的歌一定是最时尚、最好听的。

即便是现在，儿子已经长大，他还是陶醉在音乐之中。他也知道这是副业，尽管这样，还是在努力地做着这件事，只因为喜欢。我也只有一个决定，那就是全力支持！

(暖心贴)

作为家长，可以从孩子的角度做出很多思考。孩子除了学习，还可以有其他的娱乐与爱好。毕竟人是需要劳逸结合的，这样恰恰可以相互促进。

我一直在想一个问题：孩子的生活中到底应不应该有一些课外的爱好？比如说，唱歌、弹琴、打球等，我对此没有任何怀疑，我觉得一定要有。从长远的角度考虑，孩子的生活才会有意义、有乐趣，孩子会更加热爱生活，会有一样展示才华的本事。从近处说，特长生在考试中可以降低分数，为自己的高考多一份保障，这不是一举多得的事吗？

提升生命质量，这才是幸福啊！钢琴快乐，人生快乐！

(晨宇说)

钢琴早已成了我生命的一部分。我想我一辈子也不会离开它了，它是我和音乐交谈的载体，早已让我离不开它。从最开始的渴望、恳求爸妈买来，到后来的哭闹、烦恼，再到后来的辛苦练习、比赛和考级，钢琴成为我的好朋友，成为我生命的一部分，我在钢琴前度过了十三年的岁月。

愉快地工作更容易成功

当了二十多年的老师，也当了二十年的班主任，我忽然觉得管理班级真的是很需要智慧的一件事。有的人很厉害，既敢打，也敢骂，但班级秩序就是不好。至于为什么，很多人都说不明白。

但是，儿子管班级可有一套自己的方法，成功的方法。

儿子从小在班级就是班长。可儿子一直长得很小，有些时候，我都觉得这孩子怎么可能是我的呢？我这么壮，儿子居然如此瘦弱，怎么不像妈妈呢？

小个子，长得还瘦，怎么管理班级呢？

儿子的一番话让我知道儿子天生是个帅才，难怪小学的三个班主任都那么喜欢他。

有一次，他们的老师对我说："我宁可用十年的寿命换你这样一个优秀的儿子！"听完这个评价，我真的震撼了！我不知道儿子何德何能，能让一个老师这么喜欢，给出这么高的评价。

"妈妈，你说我们班管纪律的班长，怎么就管不好班级呢？其实同学都很好，大家都很听我的。"

"你想过你和他们有什么不同吗？"

"我想过，他们一管同学的时候，就会站在讲台上，大声地喊，谁谁谁，你别说话了。可这样的话，那些同学都像没听见似的，所以班级总会很乱。"

"那你怎么管呢？"

"谁要说话，我就走过去，小声告诉他，别说话了，这样会影响别人，老师也会看见。然后，他们就不说了。"

"那你觉得大家都像你这样，是不是就一定能管住了呢？"

"也不一定。"

"那又是为什么呢？"

"我也说不好。"

儿子当时还在小学的三、四年级，他还小，他还没有做太多深入的思考。

"儿子，其实你还有好多的优势，是大家都能感受到和看到的。你很善良，你班级里学习好与学习不好的同学你对他们都好，还有你学习好，大家觉得你优秀，自然觉得你说话有分量。所以，做人要有真本事，骨子里又善良，你就会是大家心目中最优秀的，大家自然就愿意听你的了。你说对吧？"

儿子一脸思考状，我觉得这次谈话让儿子成熟了不少。他学会了思考，学会了认识自己！孩子总得学着长大！

（暖心贴）

　　孩子一直在成长，这个过程需要与家长交流。父母有这个责任和义务，毕竟孩子没有太多的时间接触社会。

孩子无论多大，他都能听懂道理。实际上，在孩子三四岁的时候，他们就可以听得懂道理，只不过不明白为什么一直要听这些道理。他们慢慢地适应，慢慢地在长大。即便一两岁，我们也不能忽略了我们的孩子，他们从出生就是独立的个体，需要尊重和理解。

和孩子交流是个相当长的过程！孩子内心的善良何尝不是这个社会所需要的呢？

自己的人生自己书写

很多家长很清楚书法的重要性，但孩子不清楚为什么要练习写字。我们应该明确告诉孩子：字如人生，自己的人生要自己书写。

儿子练习书法的时间很早。儿子小的时候，看到高老师家晓莹的字特别好，特别大气，特别随意，似神来之笔，怎么看都觉得顺眼。现在想想，那还真是功夫了得。

我和她父亲交流了一下，觉得孩子应该练字了。于是，我和儿子讨论了一下。儿子没有反对，但也没有太多的热情。

"你可以去看看，喜欢练我们就学，不喜欢我们就不学。"孩子不主动去做的事，我们往往都会持这样的态度。

到了那里，儿子眼睛发光，他发现了那些孩子练字的热情。儿子是一个不愿意服输的孩子。

"妈妈，我决定学习书法。"

儿子的书法学习从此开始了，学了两三年的时间。但我感觉儿子的字练习得还不太稳，他缺少小女孩的稳重。

"儿子，字如其人，我们练字绝对是必需的事情，每个人的字都是这个人的代表。你想一想，一个英俊的小伙子，写出来一手字，大家都不忍心看，你觉得是不是不太合适？"

"我知道，我会好好练习的。"

"对的，将来人家说，王总给我签字，你一写，人家都吓一跳，而你练字了，一定也把人吓一跳，人家会高看你一眼：人帅，字帅，有才，有内涵！这样听起来多舒服。"

"那倒也是，练好了是一个脸面啊！"

"你总想做一个管理者，自己说话算数，那就得经常签字。这一看，谁都不如你，员工们还不心服口服啊！这也有利于管理啊，谁不希望自己的上司是个很有才华的人啊，自己的脸上也有光啊！"

儿子的书法练得很好，但后来坚持得不算太好。书法应该是个长年坚持的事情，但儿子的学习忙了以后，他的热情似乎也淡了很多。儿子的字不难看，但也不好看。

有机会一定要让儿子再练习一下，字如其人，字如人生啊！

（暖心贴）

汉字的书写现在已经变成了一件很艰难的事情。随着电子产品的出现，现在人们已经不太写字了。汉字是我们中华文化的经典传承，作为中国人，我们应该继承和发扬。

让孩子学习书法，其实也是对孩子的帮助。想一想，孩子伸手一签字，看到的是一手漂亮的字，别人就会高看他一眼，多一份喜欢、多一份信服。这何尝不是一件好事？

其实，家长可以和孩子一起练字。练字需要坚持，让孩子有个方正的人生，也算我们尽了自己的义务和职责了。

（晨宇说）

字如其人，有一笔好字会让人刮目相看，也会在考试、学习的道路上起到关键的作用。让孩子练好书法很重要，让孩子知道为什么要练好书法也很重要。

炫耀也可以带着妈妈

时代在发展，孩子们都有QQ了，儿子没有，怎么办？孩子去经营自己的QQ，时间从何而来？我得想想办法。

"妈妈，大家都有QQ了，有些时候，老师还要在群里公布一些事情。"

"那你也申请一个吧！"

在生活中，只要儿子有需求，我很少不满足他，只是后续的管理一定要跟上。

最开始的时候，儿子很新鲜，他申请完之后，对电脑里的QQ还是放不下的，每天总会想办法上一次电脑。这我也能理解，关注一下别的同学的信息，也许老师还会发点什么。

说实话，最开始我对老师在QQ上说事特别反感。我私下里想：现在的老师也太没有责任心了，怎么能要求孩子用电脑？这对孩子的成长怎么可能有利呢？后来我发现，责备是没有用的，老师应该有他的道理。后来，我发现，在群里通知事情真的很方便，因为我也是老师。

现在面临的问题是，总不能让孩子老上电脑吧？这肯定不行。面对这个问题，总得想办法解决。

"妈妈，同学的宠物都养好多级了，可好玩了。"

"那你也可以养啊！"对于这样的想法，我从来没有直接说过不行。

"可那需要时间，需要总挂在上面，同学的手机总挂着 QQ。"

"那你说这样行吗？"

"好像不行，我也不能总用手机挂 QQ 啊！"

说实话，最开始我真的没法接受这件事。那时候还太早，我还不想接受这样的现实。但儿子提出来之后，我就一直在考虑怎么办。

儿子最宝贵的就是时间，我不可能让他浪费时间。而他又是个爱面子的人，如果人家都玩，他一定会缺少吹嘘的资本，缺少和同学共同的话题，一定会不开心。

那天晚上，我们进行了一次很有意义的对话，也从根本上解决了问题。

"妈妈想到了一个办法。你总说妈妈与现代社会脱离了，妈妈都不够智能了。你给妈妈一个机会，妈妈替你养宠物，妈妈努力去学，一定能养好。我们电脑也开着，总得通知一些事情，不开电脑也没办法工作。妈妈可以偶尔看一看，也不违反工作纪律。你每天回家可以关注一下，它在成长，你还看到了，只是省下了你的时间，你还可以和同学交流。这样行吗？这可是一举多得的事啊！"

"好啊，这样我也可以养大我的宠物，还可以和同学自豪地说，妈妈也帮我养呢！"

看到儿子的表情，我长出了一口气，解决一个这样的问题实际上很难啊！直到后来他不太感兴趣了，我才不再承担这份工作。这样做，为孩子省下了太多的时间，找回了自信，无论付出多少都是值得的！

暖心贴

任何事物都有两面性，我们可以想出合适的办法，规避风险。一味地否定是不可以的，毕竟生活在当今社会，我们的拒绝最后往往把孩子推向了反方向。其实，我们可以采用各种方法，可以适当做出让步，做出牺牲。我们想方设法调整对问题的处理角度，就可以掌控这些问题，换来孩子美好的人生！

目标很重要

无论做什么，我们都应该有方向。儿子做事的习惯让我特别佩服，他从来都会让自己有明确的目标和方向。

儿子学跳绳是在小学二年级的时候，学校要进行跳绳比赛。这对儿子来说，是一件好事，也不是件好事。

儿子的协调性没有我和老公好。我们两个都特别喜欢运动，运动能力足够好，可不知道为什么，儿子这方面的遗传相对要少一些。但他的节奏感很强，所以说运动能力不好，有些过于绝对。

"比赛我总要比好的，我不能拖班级的后腿。"

"那是当然的，我们可以练到特别好。还有多长时间？"

"还有十多天呢。"

"那就来得及了。"

这是儿子首先想到的，我很开心。他不想让班级不够优秀，有着很强的集体观念，因为他是班长，是这个班级领头的，他必须做得很优秀。这是他给自己的定位。

学跳绳的日子就这样开始了。我没想到他那样执着。

因为儿子不会，得先教他基本动作。他先用双手把绳摇过头顶，绳子落地的瞬间，他跟不上，也没来得及跳，一个动作就结束了。儿子在这个动作上反复练习，练习了很长时间。他一直在坚持，我都有点觉得过不去了。

"歇一会儿吧，一会儿再练也来得及。"

"不行的，时间有限，我不能只会，还得留时间多练练。"

他一会儿小屁股撅了起来，一会儿又弯着腰，眉眼间没那么轻松，似乎一直在琢磨什么。

终于，他跳过了，开心得不得了。

"妈妈，我会了。"

"太好了，大宝贝，加油，妈妈知道你行的。"

儿子兴奋的脸上带着满意的笑容。他一直跳着，偶尔失败，他马上重新开始，就这样一直在进行着。

十多天时间，儿子每天都在努力地练习。他从一开始一点儿不会，到最后比赛的时候，已经能够连续跳二三十个了。

儿子的目标十分明确，就是为集体争光，让同学认可。

事实说明，一切事情有了目标，经过努力，没有做不到的。特别是小孩子，他们有无穷的潜力，我们要用心去挖掘，告诉孩子这个硬道理：没有做不到的事，只看你想不想做，想把它做到什么程度！

要求孩子学习好没有错，但这不是衡量孩子优秀与否的唯一标准。学习重要，但孩子身心健康更重要。认知对了，行动就不会打折。

一个孩子，身心健康，和他讲道理他会明白，也会去做，学习只是一种呈现形式。这样做，往往可以达到事半功倍的效果。

做任何事情，我们都可以做好，只要得法，只要坚持。这也是我们应该教会孩子的。你的坚持会让孩子未来的生活质量不一样。学会运动可以让孩子更健康、更开朗、更阳光！

很多人的很多技能都是为了集体而被逼出来的。拥有集体荣誉感的人才会让所有人钦佩。我一直努力让自己更爱所在的集体。而且，让孩子健康真的不能仅仅成为口号。

先定个小目标

儿子的生活中从来不会缺少理想，更不乏一些小目标。

很小的时候，儿子就会拿着扫帚去扫地，主动承担一些劳动。他觉得应该做一个小大人。在学校，他总会去帮助别人。他最早告诉我的一句话，让我一生难忘：帮助别人，快乐自己！

他会乐此不疲地去做一些好事，帮助一些应该帮助的人。别人不会做题的时候，他一定耐心讲解。班级有工作需要做的时候，他会主动去做。他从来不觉得自己累、自己辛苦。生活中，他总愿意帮助别人做力所能及的事。

大一点的时候，我们曾经做过一些关于理想的交流。我发现，在儿子的心灵深处，他装的绝不仅仅是自己，还有亲人、朋友，更有这个社会。

"长大了，你有什么想法吗？"

"当然有啦，我能挣到钱的时候，先买一辆雷克萨斯，就是你喜欢的那种，红色的。然后，等你开够了，我再给你换辆喜欢的车。"

儿子绝对是一个有心的孩子。我曾经在街上看到一款车，真的很喜欢，一直跟着看了好久。回家上网一查，50万元左右，看看就行了，我只是喜欢而已。儿子却一直把这件事记在了心里。

说实话，我的内心充满了感动。儿子的话不管能不能实现，我特别满足，因为能在儿子心中才是最重要的。

"没事，妈妈开什么车都行。"

"不行的，你的岁数越来越大了，我总得让你能开车的时候，开上你喜欢的车。没准我有钱了，还可以给你买更喜欢的车呢。"

"儿子，钱不重要，车也不重要，重要的是妈妈希望你幸福。我们不能用钱来衡量幸福。妈妈看到你开心心、健健康康，就知足了。"

"没事，我会努力的。我会有自己的公司，我要有自己的设计，我要打拼出自己的一片空间。给你买车是一方面，等我赚到钱，我要去帮助一些贫困的孩子，去帮助社会上需要帮助的人。"

我看了儿子好一会儿。这是我的儿子吗？他居然有这么大的一颗心，他居然可以去做这么优秀的事？我看到了儿子骨子里的那份执着与善良。

我觉得儿子的学习可以不是最优秀的，他能有这样的理想，无论能不能实现，我觉得教育也算成功啦！

（暖心贴）

人生一定要有理想与信念，无论我们多大年龄。否则，我们没有办法和孩子交流。理想可以让孩子生活得更有劲头，可以让他们的行为不会出现太大的偏差。

孩子一定要有理想，否则，每天都在盲目地生活，生活就缺少了原动力。人要不断充电，才能一直充满力量。不同时期可以有不同的定位，这才是真正的生活！人一定要有信念。

（晨宇说）

在规划人生目标时，我也会规划我的理想。其实理想就是最终目标。我的初中班主任总说，心有多大，成就就有多大。所以，建立一个为世界、为人类而存在的梦想，我想是必要的。

习惯自制，收获不一样的人生

每个人都会有自己习惯的东西，比如习惯于懒惰，习惯于别人思考等。当习惯养成的时候，这便成了一种惯性。其实自制也一样，当你习惯于自制的时候，你会发现你会在各个领域中让自己努力、让自己优秀。一生优秀，你会收获不一样的人生。

没有规矩，不成方圆

很多时候，我们没有定规矩，孩子自然不会去遵守。现在的孩子，我们必须定规矩，监督执行，因为有些孩子定了规矩都不一定执行，何况没定？

对于孩子的学习，每个家长都会感觉很头疼。经常有同事说，你家孩子可真省心，学习一点都不用操心。我想和大家说，任何一件事都是种什么因，结什么果。

儿子小的时候，我最开始培养的就是读书的习惯。他喜欢书，认为读书就是休息，他的休息就是在那里安静地读书。高效听课，是我们让他养成的第二个习惯。三四岁的时候，在幼儿园里，别的小孩子集中精力的时间不会超过10分钟，而我家小孩可以听40分钟课，一节课都不会溜号。到目前为止，他还在享受着自己的高效课堂，省出很多时间来做自己喜欢的事情。

儿子还有一个习惯，学习有自己的规划，有自己的设计和想法。无论是长期还是短期的，他都会有适合自己的想法。他与我们交流，我们会给他提出一些合理化的意见和建议。当然，一切都是在我们肯定他的基础之上。

学习规划是更为合理的。比如，每个假期，无论是长假还是短假，我们都要先列好所有需要做的事，安排时间，然后把学习安排完，再去安排其他的内容。每个学期都有计划，特别是学习内容多的时候，我们更需要规划。这样不会出现做不完的情况，也不会出现只顾盲目学习的状况。

学习有规划，孩子自然就有明确的想法。特别是每学期的家长会之后，我们会针对上学期存在的问题，进行下学期的规划；在开学前，再做这学期的整体规划，针对平时的成绩或每阶段的成绩，随时进行调整。这样的事情在孩子的学习中是贯穿始终的。

没有规划，很难让孩子自觉；有了规划，他自觉完成任务，还有太多的时间可以做自己喜欢的事情。这样既可以让孩子的学习变自觉，又会让这些喜欢的事情化为学习的动力。学完了、学好了，就可以做自己喜欢做的事情了。

当然，自己喜欢做的事情也是有底线的，我们不能完全由着孩子。毕竟孩子没有成熟，是非观念还很淡。有的家长一高兴，就说玩会儿游戏吧，放纵了孩子，不能让孩子沉溺在一些可能影响成长的事情当中。可以让孩子学学歌，看看书，进行一些体育运动。健康的生活方式才是最重要的。

孩子的学习是一种习惯、一种思维、一种不断矫正培育的过程。当这些形成的时候，就是家长享福的时候。其实，只要从小抓起，形成习惯，每个孩子都会很优秀！

(暖心贴)

很多家长存在一个误区，幼儿园在哪里上都行，反正那里也不存在什么教育！小学，还不都是那些东西，谁教都一样，那么简单，大家都会。

是啊，丁俊晖没怎么上过学，但他是特例。我们应该接受的是大众的教育方式，更适合孩子的方式。培养一个优秀的人，真的应该从娃娃抓起。古人说，三岁看大。这句话完全正确，因为很多习惯在那个时候都应该灌输给孩子，孩子应该有个大体的模样了。

(晨宇说)

我的人生规划一直订到了六十岁，虽然一直在微调，但大体方向一直没变，而且完全是我自己规划再让家长评价可行性。有了人生规划才有前进的方向和动力。学习计划虽然有时完不成，但也有一定的约束作用。

没有过不去的火焰山

社会在发展，太多的事情让家长应接不暇。很多家长还没来得及反应，事情就发生了。每个小孩子手里都拿着一个手机，甚至是智能的。对于家长而言，手机可以方便找孩子，可对于孩子来说，就有太多的诱惑了。于是，手机成了很多家庭战争的导火索。

科技发展的速度让很多家长的思维都跟不上节奏。各种软件、各种游戏应运而生，不想去接触都不行，它会铺天盖地向你走来，甚至跑来，我们只能去接受。但是，我们的孩子怎么办？

太多的孩子把手机变成了生活的主导，似乎没有手机就太难生存了。确实，社会在发展，我们不可能让孩子不去接受社会的发展。那应该怎么接受，这是很多家长还没有来得及思考的问题，很多家长感觉大难临头了，其实不然。

我家孩子同样面临这样的问题，不可能不让他带手机，但怎么带？

和孩子讲好，首先学校的要求是什么，我们努力按照学校的要求去做。学校通常不让带手机，我们可以卖给孩子一个大大的人情：学校不让带，但其他同学都带。带手机，我们方便联系，但这是没按学校要求去做的。妈妈又不能让你不合群，带手机可以，你一定得听话，平时别开机，有事的时候可以打开和妈妈联系。其实，手机无非就是想找爸爸妈妈的时候能方便些。老师也有手机，你要不带的话，也可以借老师的手机。但是，你想带妈妈也不反对。我表明了自己的态度。

在这种情况下，孩子会很高兴。他没有落后于别人，而父母又支持，和父母不让带，自己强行带完全是两种心情。越是强行带手机的孩子，越容易在学校拿出来玩。想一想，手机带出来多不容易，为什么不多玩一会儿呢？

其实，所有的道理都是一样的。告诉他，手机里的游戏偶尔玩也行，毕竟同学都玩，否则你和同学就没有共同语言了。这样的话，他就会很高兴，妈妈居然主动让我玩游戏，那就要听妈妈的话，玩的时候就会有一定的限制，也不会太迷恋游戏。

儿子的手机换过好几个，没因为手机导致家里出现太多的矛盾。

其实，很多事情都是这样。我们回避不了的，不妨接受，只是思考好怎么让孩子合理地正确地认知这种事物。我们不可能不让孩子接触社会，但要让孩子在接触中不受伤害，这是家长应该做的。很多事情处理得好，会为孩子的成长带来很多的正能量！一切问题都是可以解决的。

（暖心贴）

家长为孩子买手机无可厚非，但什么时候应该买什么样的手机，应该有一定的思考。成年人拿到手机，都不愿意放下，更何况是孩子，他们的自制力会更差。

我们从开始买手机的时候，就应该找一种合理的方式，让孩子正确健康地接受社会发展所带来的变化。这样对孩子的成长会有很多的好处，也可以让家庭和谐幸福。

（晨宇说）

爸妈一直限制我用手机，我也没什么非要反抗的。让孩子有手机，但要告诉他不买最新款的原因，相信孩子会理解。

放纵一下未尝不可

现代社会发展迅速，在信息化的时代，不能不说一切都不在我们的掌控之中了。孩子的生活发生了巨大的变化，有的家长适应了，孩子没出现太大的问题；有的家长没来得及适应，孩子的问题就特别严重。

电脑的问题是每家都要面对的。我一直和孩子理直气壮地说，不能多用电脑，他的眼睛不好，眼镜度数在使用电脑的过程中不断增长。但是，我知道，这只能用几次，不能作为永久的理由。

后来我们就探讨，游戏应该怎样玩，玩多长时间合适。注意，我们从来就不说玩不玩、为什么，因为没有这个可能。所有的孩子都玩，你让他当傻子，他肯吗？一定不肯，这件事不可能成立。既然连可能都没有，我们就不去讨论这个伤感情的问题。

我们只需要讨论怎么玩，玩多长时间合适。

儿子知道的游戏很多，因为同学玩得太多了。家里条件好的，玩得更早，在游戏刚刚有的时候，他们就玩上了。这样的孩子还有一个特点，那就是爱显摆，所以一般的同学都会略知一二。但是他们不会借给别人玩。所以，其他孩子也只是知道而已，肯定没玩过。

儿子会说出很多游戏，我们会一起探讨哪个游戏有意思，哪个游戏玩过后不会上瘾，而一旦上瘾就会出现很严重的后果。我们商量的结果是，游戏一定要玩，可以在周末的时候玩，具体时间应该在两个小时左右。如果玩得差不多了，那就两个小时内结束；如果没有结束，也可以放宽政策，多玩一些时间。

看儿子的样子，商量出这样的结果他是很满意的。我想，他一定没想到我会给他这么多的时间。每次快要结束的时候，我都会提前提醒，免得他玩过头。最主要的还有一点，我家的电脑在我屋里，时间及玩什么都可以在我的掌控范围之内。这不是刻意的，但正因为如此，儿子才会在屋里玩得自然，玩得有节制。

其实大人也一样，如果我们生活的范围内，没有任何的控制，我们也很难做到慎独，很难按照严格的标准要求自己。一旦有一定的约束，比如事先做好时间限制，又沟通了玩的内容，自然就不会有其他的想法。这样一切就不会向坏的方向发展了。

前期的沟通特别重要。一切需要商量，让孩子感觉到你的大度和包容，同时又让他不能随心所欲。这就看家长的工作艺术了。

作为父母，都不想让孩子沉迷于游戏，但方法不当，往往适得其反。

其实，如果做事讲规矩，就不会出现太大的问题。绝不能因为自己高兴与不高兴，或者因为孩子的成绩好与不好，就随意地改动规则。这样会失去信用，以后的规则就很难执行。

游戏不能堵死，但也不能放纵，总得让孩子们有一定的约束，要想好应对的办法，时间、内容等要有规定。培养孩子的自制力，这样才能变成一种自觉的行为。

领导的最高境界

在家里，儿子不太有机会做什么事情，他所想的事大都有人帮他去做，其实这也是和老人生活在一起最大的弊端。老人需要有存在感，我们要让他们有机会展示自己，他们才会有晚年的幸福。我们不能因为教育就无底线，这样给孩子的潜移默化的影响还不如不教育。

家里没有机会就让孩子把握学校的机会，所以我告诉儿子，在学校能多干就多干点，多为别人做点事，多实现自己的价值。

儿子从小就是老师的好帮手，他在学校充分发挥自己的作用。班级的工作，无论什么事情，儿子都会全力以赴。他知道自己能干什么，应该干什么。儿子心地善良，这是他和大家和谐共处的关键所在。他不会拒绝别人，无论什么样的孩子，对他们都一样，哪怕是老师眼中最坏的孩子。正因为这样，儿子从小人缘就好，老师和同学都很喜欢他。

儿子永远都是一副特别憨厚的样子，他不会使坏，也不会玩心眼。有时候，我觉得儿子这种傻特别像我。但傻人有傻福，我一直这样想。我不愿意争夺什么，儿子也是顺其自然，但他骨子里还是有领导的天分。

他从小学开始在班级就是班长，但不会像别的小孩子那样颐指气使，他用自己的品行让同学们对他佩服，认可他的管理。儿子学习特别认真，做人也很认真，他不会游走在任何规矩的边缘。他一直循规蹈矩，这样将来一定不会出现太大的问题。无论什么时候，总得给孩子一些道德底线，那是永远不能让孩子去触碰的。

儿子在每个学期末学校评选三好学生和优秀干部的时候，都会全票当选，这是让我最震惊的事。毕竟每个孩子都会有自己的想法，但儿子却能让所有的人都认可，这是很难做到的。

儿子小学五年级考上小班，要提前上初中，同学们在他的那本留言册上留下了那么多感人肺腑的话语，语言是稚嫩的，但都是发自内心的、真诚的。我看到了儿子在同学中间的威望，对儿子多了一份放心和认可。

孩子的成长是无形的，我们没办法定位什么，但可以随时引导孩子，不让孩子走向偏差。这样孩子未来的路才会越走越远！

暖心贴

孩子的每一步成长都很重要，他们是独立的人，生活在人群里就会经历各种各样的故事。其实，他们的世界和我们成人的是一样的，他们需要梳理自己的人际关系，也需要有个平衡。这个过程是对孩子最好的锻炼。

孩子小的时候，无论发生什么事情，都是可以改正的，可当他们走上了社会的时候，他们的很多错误是没有人可以原谅的。

当孩子还小的时候，让他们成长，让他们经历，这是一笔宝贵的财富！不要再把孩子放在保险箱里，有一天，孩子一定要自己飞翔！

疯狂有度

对孩子的严厉与慈爱往往总是交织在一起，但我的慈爱似乎有些过，应该是溺爱吧？

儿子的屋子里有一个特别的角落，那里有一个二层的小柜子，柜子里全是小食品，里边几乎时都是满的。我知道这些东西很不健康，但我觉得不能让孩子的生活有所缺失。那就想更好的办法去解决。

于是，我会买一柜子小食品，然后和儿子聊天。

"儿子，这些小食品，妈妈给你买，也想让你吃，但你不能天天吃。这些东西对身体不好，你吃的时候要自己酌情。"

儿子往往都会特别高兴，他的柜子里很少有空的时候，只要不满了，我就会填满。

"妈妈，我知道，我懂的。"

儿子会很开心地笑着，很开心地接受。

儿子吃东西很有节制，我不知道是不是我的方式碰巧是对的。反正，我越给他买，他吃得就越少。他总觉得这些东西吃点就够了。所以，他对小食品反而没有太多的渴望。别看似乎买了很多，和儿子同学比，他吃的是少的。他们同学每天课间都会去买几袋薯片，儿子最多在周末看《快乐大本营》的时候，才有时间吃上一袋。他平时自己从不去买。

他高兴的原因还有一个，就是别人都是家长看着不让买，都是自己偷着去买，而我家是家长主动给买。他曾经和同学说过这件事，同学都不信，觉得不可能。可在我家，这就是事实。

特别是吃肯德基的事，在我家里，以前是吃的，但经过几次报道之后，我们家里就这个问题探讨了几次：关于鸡的质量问题，关于他们不开发票、偷税漏税的问题。儿子是个正义的人，对于一些不好的事，在他这里是零容忍。

于是，肯德基在我家的生活里基本消失了。

这就是儿子，我觉得他很有节制，所以我一直不去控制一些东西，反倒会放纵一些，收到的效果更好。如果我只是一味地说不行，那可能现在反倒不是这个样子了。

有些时候，我们做事需要认真思考。只有好的目的，没有适当的方法，往往离自己的预期会越来越远。孩子本身是有思想的，你要考虑他所承受和喜欢的方式，这样可以事半功倍。

暖心贴

当今世界，处在一个瞬间万变的时代，我们不能拒绝一切。作为家长，不愿意让孩子吃小食品，但控制孩子太难了。也许，我的方式不适合你的孩子，但总得想一些办法去解决问题。问题只要存在，就应该有解决的办法。

有些时候，粗暴的否定方式往往会激发孩子的逆反心理。找到适合自己孩子的教育方法，才能收到更好的效果。

做任何事情，合适的才是最好的，解决问题的方法同样如此！

第 3 章

五种途径，带领孩子
寻找幸福力

激发兴趣

你给孩子什么，孩子自然就接触什么，了解什么，自然就喜欢什么。你的引领是孩子最认同的。从孩子的兴趣出发，会让孩子受用一生。犹太人，在孩子出生的时候，书是抹上蜂蜜的，书是甜的，自然孩子们会爱上书。这也成了他们一生最可宝贵的财富。

带孩子走进书的世界

每个人都有对美的追求，无论现实，还是书中的世界。当我们读书给孩子们听时，他们会充分运用自己的想象力，在内心反复强化着特别美好的世界。父母就应该把这个世界呈现得更有想象力。

每个阶段都应该给孩子讲不同的故事。

刚刚怀孕的时候，我每天就和儿子闲聊那些自己熟悉和不熟悉的故事。

出生之后，一岁之前，因为孩子喜欢撕书，我就去买质地很厚的书。孩子小，买的书每页只有一句话，甚至一两个字。听，是孩子在这个时候特别喜欢的。父母要让孩子感受书是一种很有意思的东西。最重要的是，要让书充满趣味，有一定的吸引力，这样孩子才能喜欢读书。兴趣是最好的老师！

每次儿子吃完奶，我就给他读故事。儿子坐在我怀里，边听边看。其实我也不知道他懂了还是没懂。他摸来摸去，看来看去，听来听去，我不清楚他到底知道了多少。

但我坚持读着，每天，每时。

突然有一天，儿子看着图，居然把故事读了出来。是读出来的吗？好像也不是。是背出来的吗？好像还不是。感觉好像是无意识的，但他又可以指着图说。感觉他是有意的吧，可似乎又有些懵懵懂懂。我内心惊喜，同时又觉得我的这条路走对了。

我在生儿子的时候，正带毕业班，那一年是最累的。我当着班主任，上着两个班的课，每天回家后只想睡觉。但是，我总觉得没有人因为养育孩子就不工作啊，也没有理由有工作就不教育孩子啊！

于是，我选择了努力和坚持。无论多累多辛苦，我回到家都会为儿子读书，读故事。

每天睡觉前，我一定给儿子反复地读，经常出现这样的情况：我在睡觉，手里拿着故事书，儿子在那里自己玩，自得其乐。他一会儿看看我，一会儿咬咬手，一会儿翻个身。然后看我不读了，书也扔一边了，他觉得没有意思了，就在我身边睡着了。这是我家的一种常态。

有些时候，我对孩子感到愧疚。自责越重就越能激发我的斗志，我相信坚持一定会有收获。

儿子去幼儿园的时候，老师告诉我一件事：你儿子太好了，他居然在上课的40分钟里一动不动，没有一个孩子是这样的，这么多年也没有。那时儿子不到三岁。

我知道，我赢了。作为一名教育工作者，我深深知道上课听课意味着什么，这是一种受益一生的习惯和品质。

(暖心贴)

每个孩子从出生开始，就是一个独立的人，我们做的每件事都会对他的人生产生巨大的影响。无论读书，还是讲道理，他们都会受到潜移默化的影响。就像犹太人，他们富有是与他们读书有着直接关系的，因为他们认为书是甜的，书里有太多值得品味的东西。我们应该通过各种手段去调动孩子的积极性，让孩子读书，养成好的学习习惯。

孩子小的时候养成的习惯，将会影响孩子的一生！

(晨宇说)

我对儿时睡前故事还是有印象的。现在想来，读书的兴趣和听课的专注大概就是那时培养的吧。睡前读故事对小孩子的影响真的很大，它让我一直喜欢读书，也让我四岁就能自己看完《十万个为什么》和当天的报纸（当然也导致了我的近视）。我想这和妈妈的坚持，还有对图书的精心选择有很大关系。图书一定要字少，但一定要有字，这样才能在亲子阅读中让孩子不知不觉地养成自己读书的习惯。

喜欢就是没办法

儿子学得最早，坚持得最好的可能就是钢琴了，其次就是英语。这让我很难想象，儿子最后不学英语，是因为上课的地方没有可学的了，硬是把课给上没了。说起来让人觉得不可思议，可事实的确如此。

儿子在小学二年级的时候就开始学习英语，原因也是巧合。某机构去我们学校进行宣传，对教师子女有优惠活动，可以去听一期他们的课程。我不是为了占便宜，而是想让孩子去体验一下，因为一直没有找到一个适合孩子学习英语的地方。我知道，语言本身应该起步早一些，可苦于没有合适的地方，一直也没有学。

那天，我们学校有三个老师带着孩子去学习了。儿子听了一节就喜欢上了这种教学方式。儿子本身是一个相对喜欢自由的孩子，他还爱交流，而他们的课堂不死板，是孩子可以随意交流的空间。儿子在这样的课堂上如鱼得水，他喜欢，自然就会上得很舒服。所以儿子的成绩总会在前边，老师们对他也格外喜欢。儿子做事有一个原则：不一定争第一，但做事一定要努力，要认真！但学英语，他不想在前边都不行。他似乎有语言的天分。

儿子在学习过程中，参加各种英语比赛，获得各种奖项。我们带着孩子到各个地方表演，到各个地方领奖。儿子的台风让我觉得他是一个可以上得了台面的人。在台上，他表演、演讲、唱歌都不在话下，让你觉得他就是舞台的主人，掌控着舞台。

在英语学习中，他收获了知识，最主要是收获了很强的自信。打乒乓球的王皓有着"千年老二"的说法，儿子则是"千年优秀学员"。每一期，学校都会评出一两个优秀学员，一个也是他，两个也会有他。他不但成绩优秀，各个方面表现都很优秀。

我觉得，这才是我想要的孩子。我不想让孩子跟老夫子似的，希望孩子在自己的空间展示才能，有自己生存的舞台。

准备上初中的时候，我发现儿子参加过各种比赛都没有用，而是需要 NEAT（全国中小学英语学习成绩测试）成绩。这件事我从来就没想过，因为儿子学什么都没有明确的目的性，包括学钢琴，也是水到渠成，不得不考，所以考了九级。儿子对这件事很淡然，考就考呗，就是个时间的问题。于是儿子在连续的英语考试中一直考到了 8 级，这也算是对儿子英语水平的一个认可吧！

儿子以后在英语学习中基本感觉没有什么障碍，这可能和他学这么多年有关。儿子经常说，帮我找个地方再学点英语吧！有时候我在想，儿子是个很有意思的小孩子，人家都不喜欢学，他总有自己想学、喜欢学的东西，这可能就是他学什么都不累、都可以学好的原因吧。兴趣很重要！

(暖心贴)

无论学什么，对孩子都是收获，但兴趣很重要。很多孩子都在补课，可效果呢？为什么没效果？是孩子不感兴趣。其实，可以调整老师，也可以让孩子调整心态，让孩子喜欢，见效是自然的。它会让孩子变被动为主动。教育的根本就在这里！

我在新东方学了七年有余，我也常说新东方才是我真正的母校。语言学习，好的课堂、好的氛围很重要。在这点上，我可以毫不犹豫地说，新东方最棒！

吹响战斗的号角

儿子对琴棋书画，无所不好，最主要还有一种不服输的精神。

他经常和爷爷下象棋，尽管下不过爷爷，但他会仔细琢磨，然后向爷爷挑战。当然，有很多时候，爷爷还是让着他的，他也会赢那么一两次。儿子在这方面还是有一定的悟性的。

老公有时候也和儿子下棋，但儿子还小，也没有专门学过，所以看不到很多步。但儿子喜欢，他会认真下棋。当然这也是一种习惯的养成。

下跳棋则是儿子和爷爷奶奶三个人的事情。在三个人的世界中，你能感受到跳棋的乐趣别有洞天。

两老一小通常都会记不清楚顺序，经常不知道该谁走棋了。当然，他们三个的水平也都差不了太多。儿子的小眼睛很够用，他看得很独到，所以和他们两个下跳棋，还是有赢的时候。

儿子还会缠着爸爸下五子棋和围棋。往往他们爷俩会杀得很激烈，一会儿就会讨论有没有禁手，应该谁先。在他们的讨论中，你会发现，儿子在玩的时候还是很动脑筋的。但儿子始终没有机会去专门学习下棋。

比较遗憾的是，儿子一直想学围棋，可需要大块的时间。儿子实在没有这样的时间，只能割爱了。儿子和爸爸在没事的时候，就会拿出围棋，安静地用心去琢磨。爸爸边玩边教儿子，但毕竟时间有限，棋艺也有限，所以儿子学到的东西还是少。

下棋本身也是一种娱乐和休闲，也是提高生活质量的一种本事。多学总是有益的。

实际上，我们最应该让孩子补的，是他们生活的本事。

我们应该为孩子创造好的条件，让孩子抓紧一切可能成长的机会。现在的孩子，如果我们给他们时间和空间让他们玩，他们会什么？无非是低下头看看手机，或打开电脑，玩一玩游戏。他们会玩球，还是会下棋？他们会唱歌，还是会画画？

我们应该反思，我们当初没学是因为没有条件，没有机会。现在的时代，我们应该让孩子过高质量的生活，让他们学更多生活的本领！

阅读是自己的人生

儿子四岁的时候，他会像模像样地拿着报纸去读，这也是我最大的一个失误。因为孩子太小，报纸的字又太小，所以孩子用眼过度，导致他的眼睛近视得早，也很严重。

这是我一生的遗憾。我太大意了！明明知道我们两个都近视，应该想到儿子的眼睛可能会出问题。但是，悔之晚矣！

儿子读报纸成了一种习惯。家里常年订《新文化报》。最开始的时候，是因为看到征订的人太辛苦了，后来发现家里应该有一份报纸。在我们家，报纸的阅读率还是很高的。公公婆婆每张报纸都会读得很仔细。报纸发挥了它最大的功用，特别是开阔了孩子的视野。

儿子从小就喜欢报纸，长大以后，对报纸的喜爱有点过了。每天回来，他总会在沙发上坐一阵子，看当天的报纸。开始，他什么都看，后来，大体浏览一下，然后就会仔细去看两个版面：体育与娱乐。我觉得这才是男孩子，内心里有着热血，有着一股子不服输的精神。因为在体育中，有竞技意识存在，是男人不可缺少的品质。

无论在什么时候，社会总会有竞争。如果只是一味地忍让，最后就失去了竞争的意识，只能无声无息地生存了。儿子的竞争意识不强，所以他看体育版面，去关注一些竞技是我很开心的事。

儿子慢慢地喜欢上了足球，包括在电脑上经常玩一些球类游戏。我从没拒绝过，只是要求有时间规定，可适当延长，但一定要有个度。儿子玩足球游戏一直持续到现在。他在这样的游戏中，感受着自己胜利的喜悦与辉煌。我觉得这才是男人。

生活中的每件小事都可能引领孩子成长，儿子对体育的热爱应该是与报纸分不开的。想一想他们枯燥的学习生活，没有地方去宣泄自己的情绪，没有机会去涉及太多的竞技活动，我们做家长的就更不能限制太多。所以，我反倒觉得是体育运动成就了儿子的努力，他学会了竞争，学会了努力！

(暖心贴)

凡事没有绝对。只要把握住一个度，游戏还是可以让孩子玩的。一定要有一定的约束，不能一味地玩，否则得不偿失，毕竟孩子的学习是主业。但是，我们不能因为游戏影响孩子学习，就不让孩子玩，剥夺掉属于他的乐趣。

读书、读报是孩子开阔视野的最好方式。我们的孩子本身缺少阅读，而阅读实质上是孩子精神力量的一种积累。无论从什么渠道，只要孩子了解了、学习了，孩子就是在努力地成长！

发现特长

美国教育家、心理学家加德纳在多元智能理论里谈及，每个人都至少具备以下八种能力中的一种，而且会很优秀。八种能力包括语言能力、逻辑数学能力、音乐智力、空间智力、身体运动智力、人际关系智力、内省智力和自然智力。

现代社会需要各种人才，这就要求个性得到充分的发展和完善。每个孩子都可以让自己在某个方面做得更好，只是有些时候，我们不知道、不了解孩子，所以孩子的天分被扼杀了。

原来电视是用来听的

我以前不太相信胎教，可自从自己怀孕以后，就改变了自己的想法。我总觉得不能做一些让自己后悔的事，什么都可以重来，只有人生不能。既然有了这样的认识，可能自己的行动就多了起来。

于是，我在怀孕期间就听着各种音乐，轻音乐、摇滚、钢琴曲等。我不知道什么会对他有影响，我和爱人都是音乐盲，看看是不是可以弥补一下先天的不足。于是，我每天会把音乐播放器放在肚子上，让孩子感受音乐的温馨和快乐。

儿子出生的时候，是《常回家看看》这首歌最流行的时候。孩子闹人的时候，老公就一直在唱。老公唱歌一向是跑调的时候多。儿子就愿意听着这样的跑调歌睡觉。只要是晚上孩子不好好睡的时候，老公就会抱着孩子在地上哼着这首时而跑调，时而在调的歌。那是一幅很滑稽的画面。

儿子在这样的环境中成长起来。两岁多的时候，我特别害怕一件事。公公婆婆在家里总看电视，我担心孩子也跟着看。本来我和爱人的眼睛就都近视，如果再看电视的话，孩子会不会近视呢？

我很担心，所以一直在关注着这件事情，可事情却远远超出了我的想象：

电视剧往往都有很多集，每天播出几集，儿子不看电视，凡是演故事情节的时候，他都在不经意地玩耍，但一到了唱插曲或者片首、片尾曲的时候，儿子就放弃玩耍，认认真真地跟着唱。电视剧没演完，儿子就能把里面的歌完整地唱出来了。

这是很神奇的一件事，最主要的是他居然不跑调，还唱得有鼻子有眼。我太开心了，居然家里有人唱歌不跑调了。

后来，我发现儿子学歌太快了，只要是流行的，只要是他喜欢的。最讨人喜欢的是他学唱SHE的《波斯猫》的时候，我百看不厌。不是因为他是我儿子的缘故，实在是他太可爱了，从节奏到每个舞蹈的节拍，从胳膊到脚，满满的都是戏，让你看到孩子的天真顽皮，看到儿童的可爱，看到更多无忧无虑的幸福。那份快乐是我们一生难以忘怀的。

儿子唱得很好，儿子在享受音乐，他喜欢，甚至达到了一种痴迷的程度。我希望儿子有一种这样享受生活的本领，这是另一种高品质的生活。

(暖心贴)

我看到儿子喜欢的东西的时候，一定会全力支持他、鼓励他。人一生中难得会有自己喜欢的东西，除了学习，孩子应该有一些其他爱好，这样也不至于走向那些我们所认为的歧途。从多元智能角度来说，每个人都是天才，都应该有他们擅长的一面。

孩子应该有自己的生活。每个人都应该有享受生活的权利，我们没有理由让他们只是生活在学习的圈子里。人生应该是丰富多彩的，总得让孩子有一种精神上的寄托。我们的孩子为什么总去上网，去玩那些你不认可的东西？反过来想想，他不去玩这些又会玩什么？

(晨宇说)

不少人觉得我唱歌蛮好听的，不知道到底是因为有点天分还是学琴使然，反正从小就有的音乐环境肯定对我产生了很大影响。音乐是一种有魔力的东西，它可以随时调整、影响你的心情和状态。让孩子多接触音乐总是没有错的。现在，我在心情烦躁或者学不下去时，依然会听上几首歌甚至自己唱一会儿，这也不失为一种释放压力的好方法。

小不点儿生存技能

让儿子成长是我做梦都想的事，看到儿子可爱的小脸，一直有这样一种感觉，儿子可以慢慢长大，我应该多享受一下和儿子在一起的成长过程。

但是，事情总是有着这样那样的出人意料。

有一天，我回到家，婆婆说："你看看咱家宝贝会干什么了？"

"他能干什么，捣乱呗！"

"那可不是，你自己看吧。"

我一看，孩子在看报纸。

"儿子，你能看懂吗？"

"妈妈，我读给你听吧。"

儿子正儿八经地坐在那里，认认真真地读出了报上的内容。我到跟前仔细看了一下，让我十分震撼，他居然都读对了，很长的一段文字。

"儿子，这些字你都认识？"

"是啊，都认得。"

我有点不相信，因为他才三岁多，不到四岁啊，怎么可能呢？我从来没有刻意地去教太多的字给他，无非就和别的孩子一样，大家在学的时候，我们在学，大家在玩的时候，我们在玩，甚至比别人玩得多得多。刻意去教孩子认字是没有意义的，但无意识地认字，是他的主动性的体现，这是好事。

于是，我决心看看他到底是什么状态，是不是碰巧认识一些字。

"儿子，咱俩打赌啊，这本书里的字你要是都认识，妈妈会给你买更多的书，妈妈还会多陪你玩，好不好啊？"

"好啊！"

孩子还小，我知道那本书里有两个字是我们高一的学生认起来都很费劲的字，那就是"窸窣"两个字，我觉得他一定不认识。我内心带着点小窃喜，准备看热闹，可我大错特错了，人家顺顺利利就读了下来。

"儿子，这两个字你也认识？你怎么认识的呢？"

"妈妈，你都给我读多少遍了？你读我就认识了啊！"看到天真的小脸，我觉得自己的内心太黑暗了，我有什么理由不相信孩子呢？我居然去难为一个不到四岁的孩子。

"儿子，妈妈好喜欢你呀！"

"妈妈，我也喜欢你！"

儿子的小脸一下子就贴在了我的脸上。

如果说世界上还有什么词能形容此时的感觉，那只有两个字：幸福！

暖心贴

我和儿子经历了很多，我确实付出了很多，但不是付出就一定有回报的。上天对我还是很眷顾的，因为我在坚持读书的时候，居然影响了孩子这么多。这种效果大大出乎我的意料，因为孩子识字不是我刻意去教的。

给孩子读故事，是家长应该经常做的事，因为这样孩子才能对书有记忆、有语感。孩子在故事中会构思自己最美好的故事，即使一样的内容，他们的内心也有着不同的故事。来到这个世界上，对于孩子来讲，一切都是陌生的。他需要有个过程去认识生活、去适应生活、去解读生活。

我们能起到的就是一种潜移默化的引领作用，我们应该给孩子的是一种无声无息的影响和一种精神品质的传承。如果我们总觉得他还是个孩子，我们就错了，因为当他不再是孩子的时候，你已经来不及教育了，正因为他是孩子，我们才应该关注更多！

心灵是多彩的

儿子从小就特别爱画。在他的作品中，你看到的是孩子真实的内心世界。他眼中的太阳是那样圆、那样大，他眼中的天是那样蓝、那样深邃，他眼中的动物长得都是那么可爱，他眼中的水都是那样清，他眼中的鱼儿都是那样自由自在。画是多彩的，因为心灵是多彩的。

我忽然在儿子的画中、在儿子的眼中、在儿子的心中读出了一份真正的美好世界。这才是孩子的世界。

在很多游乐场里边，有一种类似涂鸦的活动，其实就是给一些动物的原型或者图案，让孩子自己上色。我经常领着儿子去画这些画。每次 10 元，可以尽情地画，想画多久画多久。

于是，儿子在那里涂抹着自己的世界。

你会看到红色的鸭子，你会看到黄色的小兔子，你会看到黑色的海，原来黑海是儿子发明的。你还会看到很多不可思议的事情，都在儿子的图画世界里。

他涂抹的是画，更是孩子对生活认知的一种最原始的状态，是没有接受现实世界的思维方式，让你觉得这才是我们眼中的生活。

儿子的图画里有着自己的故事，他会和自己的小鸡、小鸭、小兔子等对话。他们互相帮助、互相关爱、互相安慰，让你感受到的是一种孩子式的幸福。

儿子在学前得了好多奖，我觉得那是实至名归的，因为他的画里有太多的内涵，有太多的深意。

实际上，生活中的每件事，都可以打开孩子的思路。不一定拘泥于什么形式，只要给孩子空间，每个孩子都具有很强的可塑性。

一起和儿子去涂鸦，是很幸福的事。我们应该少指挥，涂鸦无所谓对错，我们需要培养他们的创造力。他们的思维能力，他们的创新能力，是他们与众不同的资本。不是说孩子有了创造力就不平庸，但孩子没有创造力却注定要平庸，这是没有悬念的问题。

孩子应该有自己的意识，有自己大胆的创造和想象。作为父母，应该让孩子脱离传统的框架，不要循规蹈矩地生活，这样人生才有新意，社会才会进步！

儿时画卡通画是每个孩子的天性，虽然现在看来这些画很幼稚，但对于小孩来说，这种可以完美发挥自己想象力和创造力的方式简直可以点一万个赞。至于画小人估计也是每个男孩谈及都会会心一笑的娱乐方式。在我笔下的世界里，我就是导演、我就是上帝。那种感觉是小男生特别喜欢的，因为我可以掌控一切。

我一直对画画很有兴趣，到现在我都打心底里佩服那些寥寥几笔就能勾勒出一个个栩栩如生的事物的人。我为此曾经在家自学素描，因为图画自古就是人们十分喜爱的表达方式，能用这么直观的形式表达自己想表达的恐怕也是不少人向往的技能。

好大的王国

现在每家基本上都只有一个孩子，孩子的世界是孤独的，所以我大多时间能够想着主动去陪儿子。可事实上，我们的陪伴永远都取代不了他们的同龄人，我们只是在他们的生活中起到了一定的调剂作用，没有从根本上解决问题。

当儿子上了小学之后，画风变了。他开始画一些变形金刚、画一些小人。那些小人都是一个小圆点脑袋，用简单的笔画勾勒出的人物图形，但每个都不一样。他以各种姿势存在，要么胳膊呈打斗状态，要么在拉着什么东西，要么脚上带有武打动作。这些小人很简单，但又很完整，他们有头、有四肢、有眼睛、有思想。之所以这样说，是因为儿子在小人的系列画中会融入很多自己的故事。他经常拿着自己的小人给我讲故事，讲着自己的世界。他的小人是一个王国，属于他自己的王国。

儿子的小人国里有着太多的故事，关于爱的故事，关于互帮互助的故事。故事可以是发生在两人中间的，也可能是发生在多人中间的。他在画画中，体会人与人的交流，体会人与人相处的乐趣。每当他给我讲故事时，我都会细心聆听。我还会提一些问题，他会觉得自己特别有成就感。在儿子幼小的心灵里，我感受到的是一份善良、一份坚持。

我知道，儿子的情商，骨子里的坚韧，可能与这些他常态的思考有关系吧！

其实儿子的世界里，还有一个小人国，就是他所有的玩具。儿子玩玩具，从来不停留在手上，而是将所有的玩具都人格化，让他们扮演一定的角色。他会从很多角度，去说这些人所说的话，想这些人所做的事。

在儿子的这方世界里，他可以从不同的角度体会不同人物的开心、快乐，不开心、不快乐，他会让自己的各种情绪在这些人物中都得以抒发。实际上，这又何尝不是一种情绪的宣泄呢？

作为家长，我们只能尽量陪孩子，让孩子的心灵有一定的释放，让孩子的内心有一定的安全保障。他们需要陪伴，这是毋庸置疑的。在儿子的小人国里，你能感受到对同伴的渴求。本来我觉得自己陪伴儿子的时间已经很多，但我能和儿子一起做的事情还是太少，大多让他觉得这不完全是孩子的世界，所以他要有自己的世界，从数码宝贝到变形金刚，到所有的枪支，到他的汽车。

我在努力，可还是要让孩子拥有自己的世界，这样他才能有充分的想象力和创造力。

儿子的生活很丰富、很浪漫，可能也源于此吧？

〔暖心贴〕

对孩子最好的教育就是陪伴。挣钱无可厚非，没有钱确实没有办法生活。但有了钱，孩子心灵的成长却错过了最好的机会，这是用金钱难以弥补的。

孩子需要我们的呵护，更需要我们的陪伴。礼物固然要有，与孩子的亲近固然要有，但我们要知道，孩子需要的是什么，孩子真正需要的是有一个玩伴，一个可以陪伴他的人。他们是最简单，最不功利的！时光是不会倒流的，及时回归到孩子身边，人生才会无悔！

挚爱人生

儿子从小读书习惯的养成，让我家里成了书的海洋。

书是我家生活的必需品。拿着小凳到联合书城一坐就是一天，天不黑都不回家，这是儿子生活的常态。

但是，这些还是远远满足不了儿子的需求，他每天还会看家里的报纸，每年还要订700～1000元的杂志。

对于杂志，有些人很困惑，能看完那么多书吗？其实，我也困惑过。

"那么多杂志，你都能看过来吗？"

"能，不但能，有些书我可不止看一遍，还会看很多遍。"

儿子的世界就是这样。在儿子的屋子里，只有两样东西：书和玩具。在他的世界里，他要么是在看书，要么就是在玩玩具，直到初中都是如此。

当弹琴弹累了的时候，儿子会告诉我："妈妈，我想休息一会儿。"

于是，你再也听不到他的声音了。开始，我还以为他在睡觉，后来发现儿子的休息就是读书。他认为读书就是自己的调整和休息。

读书的积累会是孩子一生的财富，但可以指导孩子有更好的读书习惯，可以让孩子记笔记、写随笔，既扩大知识面，又提高写作能力，同时提高人格修养。

订杂志，是让孩子成长的一个重要的渠道，只要孩子喜欢，什么都可以订，但要和孩子商量。比如，有些三四岁孩子的杂志，到五六岁再读的时候，就没意义了。你要和他讲清楚道理。再比如《儿童文学》和《童话大王》，儿子订了好多年，包括《儿童漫画》，因为他喜欢。他对这样的杂志情有独钟，那就让他订，他喜欢，就会有读书的乐趣。当没有兴趣读书的时候，孩子成长的路就不对了。

所以，订杂志要和孩子商量，要让孩子感兴趣，要让孩子与书相伴，才能让孩子健康成长！

(暖心贴)

带孩子去领略世界各地的风光，这是我们应该常做的。但是，我们的腿不可能永远在路上，那就让孩子的心灵一直在路上。

可以多订些杂志给孩子。杂志有连续性，让孩子对一些故事有份期待、有份渴望，这也可以激发孩子的读书兴趣。还可以经常到书店买些书，让孩子自己选择。

订1000元的杂志，总比给孩子1000元的压岁钱或者1000元的其他礼品贵重得多，那是一笔宝贵的精神财富。当我们让孩子有一定内涵、有一定底蕴、有一定才华的时候，我们给孩子的财富是无价的。

精神财富是最可贵的，也是现在最被人忽视的。趁现在还来得及，让孩子的精神世界丰富起来！

引领思考

现在的孩子独立思考的能力很弱，因为我们更多的时候在替代孩子，在主宰孩子的思想，所以孩子存在选择困难的问题，同时他们也没有办法做全面理性的思考。要让孩子学会独立思考，引领势在必行。

引导在教育中应该是最好的方法，一如当年的大禹治水，采用的是疏导的方法，而他父亲鲧采用了堵的方式，最后的结果是崩塌。教育也是如此，我们不能因噎废食，也不能因为看到坏处就一味地否决。我们要想办法让孩子主动思考，主动去解决问题。

总不能因为手机不好，我们就让孩子与当今社会脱节，总不能因为有些人玩游戏不够节制，就查封游戏，这也不现实。我们要想办法让孩子们自己去改变能改变的。

实践出真知：善读无字之书

儿子在家的时间很有限，而家里的活又都有人去干，有些时候，我经常想让儿子多一份承担，为家里做点事。

每天扔垃圾就是儿子的事。开始的时候，他坚持得还不错，因为他还很小，你告诉他的事，他就会当回事。后来，这件事没有坚持下来，原因很多，但我觉得这是不对的，总得让孩子对家庭有一定的承担。我们始终没有创造机会。

大人总觉得随手就扔了，可这是教育的一个误区。这是在培养一种担当意识。久而久之，他不是有意不想干，而是缺少了这种意识，自然在眼中就看不见垃圾的存在了，最后就形成了习惯。所以，现在的孩子多数是眼中没活的。

记得儿子很小的时候，是特别勤快的。他经常翻书，找到了早饭的一些做法，比如三丝拌面。他就一定让我们和他一起去做早饭，一步一步，按照书中要求，做得有声有色。无论切黄瓜，还是切火腿，他都会亲力亲为。够到菜板很费劲，拿刀的小手看起来那么不稳，可又是那么仔细认真。很难想象，这样一个小人会把这些丝切得如此好。最主要的是，他一定要自己做鸡蛋饼，然后自己切丝。那个过程让我一下子想到了儿子刚刚走路的时候，你根本想象不到，那么小的他，慢慢地就移动了过来。这就是生命的奇迹。

儿子现在大了，反而缺少了一些这样的回忆。有时候，我在想，时光怎么不停留，我特别想留住儿子小时候最可爱的记忆。

儿子的三丝面拌完后，我和他爸爸都会吃好多，因为这是儿子自己动手做的饭啊！我们三个都会吃得狼吞虎咽，那是一种生活的满足。

那个假期，儿子做了好多次饭。我觉得在这个过程中，儿子成熟了不少。但是，学生的时间总会被占得满满的，很多的时候是有心无力啊！

给孩子多些做家务的机会，对他们的成长特别重要。我觉得自己在这方面很失败，我会努力去弥补。

暖心贴

关注孩子的学习无可非议，但我们还是应该在适当的情况下，让他们承担一些家务。

孩子总得有一种主人翁的意识，尽管不通过这样的方法也可能做到。我总是觉得孩子做些事，他可以融入这个家庭，可以把这个家放在心上。一个爱家的人，才能去爱一个集体，才能去爱一个国家。小家都不爱，何以爱大家？

不用担心这样会影响学习，其实，每个孩子的精力都是很多的。他们不学习的时间有很多，只不过，不是在做家务，而是在玩着属于新生代的一些游戏罢了。

学会承担，这可能是最好的办法。教会孩子成长吧，承担责任是社会的需要！

晨宇说

当孩子很小的时候，出于好奇心，他会主动去尝试做家务。因此，家长应该给他尝试的机会，并陪伴他。孩子学会后，便有了最基本的生活能力，也会养成责任意识。

上学没那么简单

儿子的命特别好，这是我一直很认可的一件事。有很多人说，孩子就应该吃苦，上学就自己挤公交车呗，反正别人家孩子都是这么过来的。但是，安全呢？时间呢？上学真的没有想象中那么简单。

儿子上幼儿园的时候，幼儿园距离我家很近，爷爷每天都用自行车接送。有时候，我下班有空的时候，还会去接他，领着他玩，然后再回家。那段日子很开心，很幸福。

小学的时候，儿子的学校离家也不算太远，爷爷还是每天用自行车接送儿子。这一直都是爷爷的事。后来，我们家搬到了二道之后，学校离家就太远了。

坐公交车上学，两头都需要走一段路，儿子体验了一段坐公交车的生活。很快，我就联系上了儿子学校的吕老师，他正好每天上班路过我家。于是，儿子开始坐吕老师的车上学了。

让老师接送，我告诉儿子要懂得感恩，对人有礼貌，人与人的交往是相互的。我们经常和吕老师一起吃饭，联络一下感情。尽管我们是付费的，但钱不是能买来一切的。这一切让儿子成熟了不少。

后来吕老师搬家了，送儿子上学又出现了问题。恰巧隔壁四门的王崇航也在第一实验小学上学，和儿子同一年级。从此开始，他家帮助送儿子上学。但是，儿子这段时间让我不太满意。那个小孩子学习不太理想，可能接触的人群也和他不一样，所以这两个孩子从来说话不太多。按理说每天一起上学，在学校还有机会见面，但两个孩子没有特别多的交流。这是让我觉得很失败的地方。孩子还是长大了，他对事情的认识趋向成熟了。

我和老公还是一样的原则，多为对方做点事，一旦有机会，我们就抢着去送孩子。我经常做儿子的工作，但还是很难让两个孩子相处得特别好。我经常告诉儿子：你的人脉决定你的未来，你的未来可能需要方方面面的朋友，而不是优秀的人才是好的人脉。现在你们都是独生子女，没有兄弟姐妹，这样长久相处的人就算是最好的朋友了。

即便这样，他们之间的关系不坏，但和我想象中的差了很多。

接送孩子上下学，有些人颇有异议。我只要有时间，一定会去接送孩子，不为别的，最主要的是因为可以用这个时间和孩子交流思想，解决很多问题。

上学的路上，儿子一直没吃着苦。更重要的是，孩子收获很多，从思想上，从不同角度得到了成长！凡事一定有利有弊，看自己怎么去处理、怎么去看待！

（暖心贴）

很多家长是在百忙之中来接送孩子的。说实话，接送孩子绝不是一个简单的形式，而是要与孩子做思想上的交流与碰撞。

其实教育本身是无处不在的。我也知道工作很重要，但我们可以挤一些时间出来，对孩子进行一些可行性的教育。上下学的时间既是孩子休息的时间，又是我们可以充分利用的时间。

实际上，当我们真正刻意地找出时间去教育孩子的时候，会发现教育是无力的、苍白的，而日常的教育需要像春雨一般，润物细无声！

我一直很幸运，虽然搬家后，家特别远，但一直都有好心人顺道接送我。在不断地与陌生人每日相处的过程中，我也学会了感恩和包容。这也得归功于恰当的引导和教育。

不可回避，不如面对

在传统的生长环境里，太多的教育是张不开口的，就像一些生理方面的表现，多数家长觉得难以启齿。

一个小男生，在一定的时候对于任何事情都是有好奇心的。卫生巾就是他们关注的一个点。我觉得这是不能回避的，于是找了一个机会对他把事情交代清楚了。

好奇心往往可以让孩子成长得很快，但如果不能从正常的渠道去了解一些事物，对孩子可能就会产生一些负面的影响。有些孩子迟早要知道的事情，不如让他们早一些从正面去了解。与其让他们自己去了解，不如我们当回老师，把事情讲给他听。

小学四、五年级的时候，我就和儿子正面谈了这件事。

"卫生巾是女孩子用的，因为每个月女生体内都会有一些没用的血，要通过一些渠道把它流掉。这是每个女生一定要经历的，这是一种正常的生理现象。你们将来的生理卫生课也会学到，那就是月经。每个人发育到一定时候都会有一些变化，男孩子也是，只是男生与女生有一定的区别。

"月经是每个女人都要经历的。这些血尽管是废血，但其实还有一个作用，就是孕育婴儿，没有这些血，胎儿都没有办法形成。所以，每个女人都是很伟大的，每个月都要遭罪，持续到很大的年龄。女人结婚之后还要孕育生命，接受十月怀胎的考验，所以每个母亲都是伟大的。"

儿子听得很认真，没有一丝丝的不严肃。最主要的是，他理解了这里的内容，不再去好奇，不再去探究这些事情，反倒一切都释然了。

"那你当初孕育我的时候，是不是也很遭罪啊？"

"那是，但妈妈很幸福，直到现在也很幸福。你看看妈妈这个伤疤，就是生你时剖腹留下的。"我给儿子看了那一道长长的疤痕，当时的技术还不好，所以剖腹产留下的疤痕很大。其实我还没告诉儿子，手术还留下了后遗症，就是弯不下腰。但是，我不能让儿子太过于惦记。

"记住，女生到这样的时候，你们不能笑话人家，也不能去吓人家，容易把人家吓出病的。所以，作为男孩子，就应该学会保护女生。每一个女生都很伟大，但她们还是弱者，还是需要保护的。"

"这个我懂，我们班级从来都是男生保护女生，班级所有的活我们都会去干。我们懂得照顾她们的，因为我们是男生。"

看到儿子小男人的姿态，我特别开心。

"男孩子就应该有这样的胸襟，你是个男子汉啊！是个顶天立地的男子汉！"

"那当然。"儿子挺着小胸脯，他真的长大了。

(暖心贴)

越是孩子好奇的东西，成年人越要正面去教育、去回答。孩子对于任何事物都是有好奇心的，当这种好奇心在正常渠道得到满足的时候，他们对事物会有正确的理解和认识。否则，你越是回避，他越是好奇。当孩子一知半解时，反倒会走入一些误区。这往往是因为我们的错误做法。

孩子总得长大，这是事实。一旦孩子有需求，就应该去满足，从理性的角度让孩子学习一些知识。当今社会，没有什么是不能对孩子做正面解释的。社会太发达了，信息渠道太广，不如给孩子一些好的引领，免得孩子走歪路。

赢在方寸之间

儿子对于任何事情都有着一份执着。无论玩陀螺，还是悠悠球，让我看到的都是一个执着、细心的儿子，可以把握事情于方寸之间。

这两项运动在各级别的赛事中都是有比赛的。儿子会找来相应的录像，认真学习，再买回来相应的书，仔细阅读，理论掌握到位，到现实中自己去练习。

儿子的陀螺和悠悠球，从最基本的到各种级别的，设备是全套的。陀螺有各种名字，它们有着各自突出的特点和能力，有用作攻击的，有用作防守的。反正，在他的世界里，我会看到大大小小、各种花色的几十个陀螺。那一阵子，晚上放学了，爷爷去接他，他在校门口也要和别的小朋友比试一阵子。各种零件、各种配置，反正他需要的，我从来都满足他。这绝不是惯着孩子，因为孩子在这样的活动中，他会想方设法去赢对方，他会用自己的大脑去思考。这不是我们用钱可以衡量的。公公总是心疼钱，但我还是让儿子尽兴去玩。随着年龄的增长，陀螺玩了一阵子就过去了。

悠悠球是儿子正经玩了一阵子的。儿子喜欢在舞台上的感觉，他学习悠悠球，我和老公是他最好的观众。儿子做事总是很动脑筋，他努力去学习悠悠球的各种花式动作，让你觉得那不是玩，根本就是一种表演、一种艺术。

儿子对悠悠球的研究远远超过了对其他玩具的喜好。那段日子，他会反复地练习。你会经常发现，儿子在做着一个动作，很认真、很执着。最主要的是，他会举一反三。他练习，然后看书，最后去看视频。他会仔细去分析每一个动作的关键，用心去琢磨每一个环节。让你觉得，这根本不是玩，而是在钻研某种事物、某种事业。每当看到儿子这样的表情时，我就会倍感欣慰，毕竟他会认真地去做一件事，这是一种做事的品质。

儿子的表演常常出现在我家里的各个角落。儿子让我们录下来，然后让他看看哪里不到位，哪个动作还有问题。我们两个都会全力配合，在肯定的同时，给予鼓励，让孩子有成就感，同时也提出自己的想法和意见，让孩子有努力进步的方向和空间。儿子最后学会了好多动作，但随着学习任务增加，儿子慢慢把这件事放下来了。我知道，现在只要让儿子一伸手，他很快就会捡回来，还会做着优美的动作，还会玩得很开心。

（暖心贴）

未来社会是竞争的社会，而我们的孩子是独生子，缺少竞争的意识。其实，这些活动我们可能付出很多时间和金钱，但给孩子形成的竞争意识是无价的，是不能用金钱来衡量的。

用时间去陪伴儿子成长，这是值得的。名与利都是人生的一种牵绊，有些时候，不妨看淡一些。当孩子长大，当你尽享天伦的时候，你会发现你的付出与收获是成正比的。趁还来得及，去抓紧收获自己的幸福吧！

（晨宇说）

玩也要投入、认真，这是一种习惯。能学好的人一定能玩好。其中的品质是相通的。

男孩子也可以心灵手巧

儿子涉猎的范围之广，是我们大人无法想象的。儿子曾经说过，我什么都喜欢，有意思就会去做。

在我的记忆里，有一阵子在儿子的屋里，无论你走到哪里，都会发现好多的纸牌，就是东北用来玩的硬纸壳，可方可圆，多数为圆形，还带有各种图案。有时候，纸牌上还会有油，据儿子说这样的才好用。最经典的姿势，就是在学习奥数的窗户下，一堆小孩子，四五个人一圈，在玩纸牌。他们口里说着加油的话，把胳膊抬得很高，然后发出一声清脆的响声，手掌拍在纸牌旁边。扇过之后，厚纸片就会翻转，就会有人欢喜有人忧，因为有人赢了，有人输了。孩子们玩得很严肃，他们会互相讲理，偶尔也会有人耍赖。儿子玩得很好，无论是在奥数班的窗户外，还是在我家的小区里，总会看到他拿一大把，再赢一大把，回来就从衣服兜里无休止地把牌往出拿。

后来，等到他不玩的时候，我发现他的牌装了一塑料袋子，还有两个盒子，大多是他赢的。这就是儿子，他不会在任何事上服输。

儿子玩什么都只是一阵子，不知道什么时候开始喜欢上了魔方。开始的时候，他只是喜欢练习一下，后来，在越来越熟练的情况下，自己开始了挑战，从一分钟到几十秒。我特别喜欢这种状态，男孩子要有一定的竞技意识，否则在未来的生活中会缺少一种能力。

最主要的是，他觉得爷爷奶奶生活无聊，会一步一步地教他们。我从来都没想过，儿子会有这样的耐心，教两位六七十岁的老人学魔方。老人一天能记住一两步就不错了，明天可能又忘了大部分。儿子就这样坚持着，在他们的共同努力下，爷爷和奶奶都学会了魔方。

儿子的手还很巧，他居然喜欢串珠，他用大小不一、颜色不同的珠子，编织着各种图案。儿子学会了好多，有大鹅、下蛋的乌龟、花瓶、相框、兔子、纸抽箱，最主要的还有隔热垫。爷爷奶奶也跟着学，最后也学会了编织。儿子说，咱们家可真省钱，一个人交学费，三个人都学会了，岂不是太便宜了？

说起这件事，我还特别感动于儿子的有情有义。大姨夫特别喜欢儿子，儿子在串珠课上学会了编织摇钱树，于是特意多买了一份材料，为大姨夫编了一棵摇钱树，作为新年的礼物。大姨夫高兴坏了。最高兴的是我，因为每个人疼儿子都是我们的福分，最主要的是儿子知道感恩，知道别人对自己好，自己就应该有所回报。这让我觉得这种孩子才是有情商，才是有教育价值的。

孩子在学习这些东西的过程中，他体会到的是与亲人的一同成长，他体会到的是生活的个中滋味。他只要想学的，我都支持，因为我知道，无论学什么，孩子都会从不同的角度有所收获。

暖心贴

作为家长，应该平等对待孩子，换位思考，去体会孩子的心情和感受。你会发现，理解之后，孩子喜欢，很多事情会迎刃而解。

让孩子做喜欢做的事，总比被动做事要好！你的体谅和支持会换回孩子更多的努力。我们应该引领孩子具备更多的优秀品质。

思辨是最大的财富

儿子的独立性一直很强，但他还是一直斗不过我这个做妈妈的。我总会给自己一些理由，不让孩子自己上下学。我也不明白自己是什么心态，但我知道，我还是放心不下儿子，真的没想太多。但我知道，我做得很过分。

儿子在小学二年级的时候，就开始要自己上学，我从心里讲是不接受的。有一件事对我触动很大。有一天，儿子去上奥数课，老公是个心思粗得不能再粗的人，他把孩子送到之后，自己就转身回家了。可是，那天老师没来。孩子没有电话，他只记得爸爸是从哪条路把他送去上课的。于是，出现了这样的一幕：我在澡堂门口，正准备去洗澡，忽然有个小人在我面前，拉了我一下。我都不敢相信，儿子自己站在我面前，那时候儿子还很矮。

"你怎么在这？你爸爸呢？"

"爸爸回家啦，我们老师今天没来，我就回来了。"

"你自己？你自己回来的？"我无法相信眼前的事实，但这就是事实。

"你自己过了那么多的横道？你怎么过的？"

"我就是在绿灯时候过马路。平时爸爸和爷爷送我，我记住路了。"

我一下子搂住了孩子，真的有点后怕，他还是太小了。

"你可吓死妈妈了。可你太厉害了！"

这次之后，儿子觉得自己长大了，要自己坐车。他还不到十岁，长得还小。最主要的是，家里还有接送的条件，于是儿子一再的要求没有被满足。儿子偶尔自己想走一次，我还是允许的，但前提是一定要注意安全。

其实也不是父母对孩子有多娇惯，毕竟儿子小的时候有过差一点被人骗走的经历，我现在想都不敢想这件事情。

出于安全考虑，很多家长不放心孩子自己走，家长的担心是相同的。尽管儿子和我谈了很多次，我还是不太放心。但是，孩子独立外出的能力一定要培养，至少要让孩子自己在外面完全可以生活。

其实，不让孩子自己坐车这件事情，我知道自己做得不太对，但大家还是要以安全为第一位。特别在接送的过程中，我们母子还可以交流，是一个很好的交流的机会！学会思辨，这是人生最宝贵的财富！

现在的家长都在接送孩子，这是一种社会现象。

社会上还是有让大人不放心的因素，大家都不想冒险，不是非接送孩子不可，是想把风险降到最低。当然，只要自己觉得环境很安全，还是应该让孩子学会独立。孩子总会有自己生活的一天。

孩子学会自己坐车，自己去观察外面的世界，这本身就是一种生存能力，我们不能让孩子缺失这种能力。就像家里养的猫一样，它们见到老鼠居然不知道去吃、去抓，这就是失去了本能。连本能都失去的时候，动物可以做宠物，人呢？

让孩子学会生存，才是正道！

孩子都渴望独立，作为男生更不例外。小时候，妈妈对我简直是"捧在手里怕摔了，含在嘴里怕化了"，一直都不敢撒手。支持我更独立一些的爸爸对她也是无可奈何。因此，我更多的都是趁没有人接送我的时候尝试尝试。我一直觉得，给孩子一些独立外出的空间是非常必要的。当然，这要建立在孩子对各方面的安全知识都掌握得很好的前提下。

认识自己

"知己知彼，百战百胜"，这是用兵之道，又何尝不是学习之道？

儿子的学习，我已习惯，基本上不用操心。儿子在学习中，除了有高效的听课习惯外，还有整理错题本的习惯。

通常情况下，错题每周整理一次，每个周末，做完作业，把这周的卷子整理出来，把错题整理好。错题的整理，为考前的复习节省了很多时间。每次考试前，他只要看看自己曾经错过的题就可以了，因为在记忆中对的东西是不会改变的，而只有错的东西有些时候还是记不准的。

看了错题之后，就让自己的错误率不断地下降，这样成绩就会越来越好，而不会出现反复的错误。

有时候，儿子时间特别紧张的时候，我也会帮助他。多数时候，我帮他整理卷子，有时候也会帮他抄一些错题。

记得有一次，我帮儿子整理完，看他实在没时间，就帮他抄英语错题。抄了一会，我就坐不住了。

"你知道吗？有一个知识点，连着在三次考试里都错了，你们没讲吗？怎么会出现这种事呢？"

"讲了，可没来得及整理就没太重视。"

"无论时间多忙，一定要重视。人可以犯错，但不能在一件事上犯几次错误，这不是聪明的做法，你说是吗？"

"妈妈，我知道了，以后尽量及时整理。"

其实，帮孩子就是在帮自己。有些时候，从根本上解决问题，可以起到一劳永逸的作用。错题本很重要，人生会出错，错而能改，善莫大焉！及时分析整理会让孩子少走不少弯路。

暖心贴

作为家长，可以与孩子一起探讨，或教会孩子很多解决问题的办法。如果方法得当，一切问题就都解决了。

整理错题本的习惯很重要，无论小学、初中还是高中，优秀的习惯会成就孩子优秀的人生。纠错的习惯不但有利于学习，还可以让孩子更优秀！

授之以鱼，不如授之以渔

给孩子留下很多鱼，不如教会孩子打鱼的方法；给孩子留下很多钱，不如教会孩子挣钱的本事。

儿子愿意听我们的意见绝对是好事，但家长过多的干涉实际上是很不好的一件事，做决定是一种本事、一种能力。

孩子之所以有些选择上的困难，还是因为我限制孩子太多了，给孩子自主的空间太小了。经常性地，我让儿子做一些选择。无论做什么事，儿子总需要选择，但最后往往就会听大人的意见。我以前觉得儿子这样很好，不容易走弯路，但现在想想就有问题了。

儿子经常告诉我，他有选择困难症。

"为什么？"

"你经常告诉我，做事情要想清楚利弊，无论什么事情一定有好的一面和不好的一面，权衡利弊之后，再去做选择。我也用这种方法做事，可往往在权衡的时候，就会发现没办法看清楚利弊，也不知道哪个利大、哪个弊大。所以选择起来特别难。"

"你的做事方法是对的，如果真想明白了，做事就不会出现太多的问题了。"

"可问题是想不明白啊！"

"是啊，郑板桥不是说难得糊涂吗？"

"那到底是应该明白还是糊涂呢？"

"应该想明白，能想明白的时候，就把事情想明白，实在想不明白就糊涂着过吧，其实也没什么。"

"那什么时候应该想明白，什么时候应该糊涂呢？"

"这就没有固定的模式了。你想不明白的时候，觉得哪种做法更适合自己，那就放心大胆地做。你想想，哪里有绝对的对与错呢？即便是伟人，我们能说他们一生都没有错误吗？不能，但我们又能评说他哪里错了吗？其实，没有对错。你努力去做了，结果都不重要。你觉得它是对的，没有产生不好的后果，那就是对的，即便产生了不良后果，我们学会承担，也不一定说这件事情就不对。"

"好乱啊，那到底怎么做才对呢？"

"有时候，听任自己的心吧，只要对得起良心，自己努力就行了。"

说实话，和儿子的每次交流我都发现，我们是相互成长的。人说教学相长，这是有道理的。在和儿子的探讨中，我何尝没有成长呢？给孩子的人生阅历才是永久的财富！

暖心贴

为孩子解决困难，是我们家长应尽的责任和义务。

有些时候我们的选择未必正确。我们应该学会和孩子交流、探讨，多与孩子思想上产生交集，你会发现，孩子的成长也是我们的成长。

我们在社会上时间太久了，往往看事情会站在固定的角度，反过来，看孩子想事情，反倒觉得这样更简单、更直接、更容易解决问题。

与孩子交流可以让我们的思想更年轻，让我们的心态也更年轻。有些时候，我们不妨回头看看走过的路。其实，和孩子在一起的成长才是一种逆生长，你会发现你的思想又一次焕发出了青春的活力。

让孩子在探讨中成长、成熟，让孩子大胆自主地选择与生活！

参与动手

　　动手能力是现在很多孩子的弱项，家长通常都会有这样或那样的担心。于是，孩子错过了很多动手的机会。其实，孩子多动手对大脑是有好处的。我们不能因噎废食，因为怕而让孩子错过更好的成长机会。

不用担心孩子的手指

　　我是一个太过于在意儿子的母亲。实际上这样对男孩子的成长十分不利，但想从骨子里改过来是很难的，可我居然做到了一点。在孩子三岁左右的时候，我让他自己用剪子剪纸。

　　开始的时候，我只是让儿子看着。后来，儿子就跟着一起折纸。慢慢地，他开始动手了。我每次都很小心，真的怕剪到他的手。

　　"别往前来，妈妈担心剪刀会碰到你。"

　　每当看到他趴在我身边特别近的时候，我都特别担心剪刀会扎到他。于是，这样的嘱咐一直在重复着。

　　"妈妈，我也想剪。"

　　"不行，你太小了，会剪到手的。"

　　"不会的，妈妈，我能行的。"

　　我看了看儿子，还是把剪子给了他，只是紧张地看着他。

　　儿子手太小，根本就拿不住剪子，眼看着就扎到自己的大腿了。"小心，儿子，这样真不行。如果你一定要剪的话，妈妈明天给你弄把小剪子，你看怎么样？"我从孩子的眼神中看到这是迟早的事，与其让他不开心，还不如让他现在就去尝试。这对他来讲应该是一个很好的动手机会。

　　"太好了，妈妈。"儿子满脸的满足代替了刚刚的紧张。实际上，他拿着这把大剪子也累出了汗，他也害怕。

　　于是，我准备了一把小剪子，他也就爱上了这把小剪子。

　　当然，开始的时候，小剪刀在他的手里总是和他找别扭，但我看到的却是孩子的坚持和认真。他会认真看，为什么剪刀拿在他手里就不好使。他会仔细琢磨怎么才能让剪刀听他的话。

于是，在很短的时间里，他就学会了用剪刀，这是我没想到的。

于是，每天只要我一回家，儿子就会拿出纸来，我们两个就会剪得满床都是纸，体会着满床纸片的快乐。

暖心贴

有些家长对孩子的喜欢胜过一切，形式也多种多样，有时候会给孩子买好吃的，有时候让孩子穿得特别好看、特别时尚。其实，我们可以用更多的时间欣赏我们的孩子，给孩子更多成长的机会。我们应该让孩子学会做一些事，让孩子学会生活，我们更应该学会放手。

其实，我们的孩子真的可以做好很多事。父母的这份爱有点沉重，而我们的孩子只能无声地承受。其实，我们完全可以给孩子更多动手的机会！

晨宇说

剪纸也是发挥创造力的一种方式。小的时候曾经有一阵，我家窗户上贴的都是我的"作品"。后来上手工课、实践课，我表现出的能力似乎也是那时培养的吧！

心在哪里

社会在发展，我们无力改变环境，应该学会接受。上网就是如此。我看着太多的学生沉迷于网络，从偷偷玩到公开玩，从请假玩到最后辍学去玩。网络带来了社会的进步，可在成长的路上，孩子们却没办法控制，导致太多的孩子有了网瘾，人的心和灵魂都没了。

我真的害怕孩子上网，害怕儿子像别的孩子一样。但是，我心里有一点特别清楚：单纯不让肯定是不行的，要用正确的方法来解决问题。

儿子接触电脑很早，小学的时候就会上网做一些板报。我告诉儿子：第一，在电脑前的时间一定要控制，因为眼睛不好，特别是现在还小，随着年龄增长，近视的度数还是会增长的。在这一点上，儿子很听话。第二，在我的床边用，至少他不能看一些不健康的东西。

有些时候，老师让他上分，在电脑前输入那些小数字，他近视的度数飞速在增长，不到一个学期就换了两次眼镜。这确实是看电脑时间长的结果。我告诉儿子，你再这样下去，你的眼睛就没办法控制了，最后不方便的是你，受罪的也是你，任何人都帮不了你。

儿子这时候也发现了问题的严重性。他面临怎么和老师交流的问题。我告诉他，一定要直接说眼睛受不了。后来，儿子和老师说了，心情没受任何影响，与老师的关系也没受影响。

儿子在学校不再用电脑了。在家里，我们商量一下。我主动说："你不能不上网，因为那样的话，你和社会就脱离了。人总得生活在当下。但我们要有个度。咱们以后在周末上网，每个周末可以上一定的时间，这个时间你自己定，看你的需要。"

当你主动让孩子玩电脑的时候，你知道孩子有多开心吗？他会特别感激你，因为你居然让他玩电脑，这是不可思议的事。这就像是水，疏导正确，它就会沿着正确的轨道走。正因为感动，他不会玩太多的时间，这就是孩子的心理。然后，儿子问我40分钟行不，我说可以，如果需要玩一个小时也行。

从那以后，每周末他开心地玩，我也开心守在一边。最后，我一定要提前10分钟或20分钟提醒他，还有多长时间到点。尽管有些不舍，但他不好意思不结束。这样就形成了一种好的上网习惯。

习惯养成了，孩子自然知道这种方式的好处，不影响学习，也不影响家里的愉快生活，大家都很开心。

长大了些的时候，他上网的时间增加了一些，但习惯还是没有变，一直延续到今天。

（暖心贴）

电子产品是当今家长最头疼的东西，但我们不能拒绝，因为孩子不能脱离社会。电脑一定要用，但要有规定、有方法、有节制、有好的习惯！

对孩子要进行正面的监督和指导。我们要想办法让孩子信服，努力让孩子远离电子产品带来的危害。我们的方法越合理，对孩子的正面引导越充分，教育成功的机会就越大。既然不能堵，那就只能疏导。

（晨宇说）

作为高中老师，爸妈不知见过多少"网瘾少年"，因此对网络一直不放心。所以，我从来没玩过网游，也很少有上网娱乐的行为。从小到大，QQ游戏和单机游戏倒是没少玩。玩游戏不过是为了放松。电脑竞技同样是一种竞技，不一定非要与网友一较高下。网络游戏都是有成瘾机制的，而且要想玩得好，要么靠大量时间，要么靠大量金钱。这无疑都是不适合小孩的。

父母应该让孩子多接触网络和电脑，毕竟21世纪是信息时代。但是，一定要让孩子养成上网有节制的好习惯。这样便会皆大欢喜。

谁拨动了我幸福的心弦

有男人的世界是幸福的。生了一个儿子，在三个人的世界，只我一个小女子，这样看，世界就是最美丽的了。

人说姑娘是妈的"小棉袄"，这我信。男孩子总会粗犷一些，总不至于为了有"小棉袄"就让自己的儿子变成小女孩的性格吧？

别看儿子小，对于性别的事，他是很敏感的。在儿子特别小的时候，我带着他去过澡堂洗澡，到两三岁的时候，他就不干了，说什么也不让我领着去洗澡了。我也图个省事。

最大的好处就是有男子汉在，太多的事就不用女人做了。从此，往家里拿东西与我无缘了。最主要的是，只要电视、电脑等和电有关的东西不好用了，我就会大声地喊："儿子，又有东西不好使啦！"儿子就会一路小跑，用他那双拿东西还不太稳的小手，灵活地摆弄。然后，我就会看到东西神奇地又好使了。他又一路小跑地去做自己的事了。

家里的电风扇每年都要拆和装。开始的时候，儿子一脸认真地在看，后来就认认真真地帮忙了。到现在，这就变成了儿子自己的事了。

儿子做事有条有理，把拆下的东西认真地放在一边，然后看清楚哪个部位是哪里的，有序地一点点安装。大约20分钟，他就会将一个电风扇安装好。

儿子屋里所有的玩具他都拆过，安装过。玩具就是他的世界，他会让一些好的玩具变成残疾的，让一些残疾的变成好的。

当然，很多的时候，他会把修理不好的玩具交给爷爷和爸爸。这是男人的世界，他们会在一起鼓捣一阵子，然后，可能会好，也可能以失败而告终。

说实话，给儿子买玩具我从来都不心疼钱，因为在儿子的成长中这是必需品。但我很犯愁的是，儿子的玩具太多了。小的时候，我给儿子买玩具是没有时间限制的，只要有时间就去买，稍大些的时候，只要有节日就要给儿子买玩具。后来往往都是，"看看有没有咱们家没有的玩具啊"或者"看看哪个玩具升级了，我们的不够先进了"，又会给儿子买玩具。

我一直希望给儿子一个快乐、幸福的童年，我要把玩具买到儿子上大学。这是一种生活，这是一种情趣！这也能培养很强的动手能力！幸福在儿子的手中。

141

　　买玩具可能是每个家长都在做的事情，但一定不要怕孩子把玩具弄坏。玩具就是用来拆装的，小孩子需要有动手的能力。玩具是我们对孩子最好的弥补，我们如果没有办法生两个孩子，但可以给他们另一个世界。

　　让孩子成长，让孩子有主动权、支配权，才能让孩子更好地生存。试想一下，男孩子很软弱，又什么都不会，那未来他将怎样生存得更好呢？

淘气的孩子总是好的

　　"淘小子，出好的"，老人总会这样说，事实上也是这样。

　　我对孩子的娇惯绝不在其他父母之下，但让孩子去体会农村孩子的生活我倒十分乐意。我从来没有想过，我的儿子还会爬树，还会上树去摘枣。

　　儿子胆子很小，这一点我十分清楚。但公公可是个有正事的人，他什么事都会让儿子去做。

　　每次儿子回农村都是公公婆婆领着，他们做的很多事我只能从他们的口中听说。我如果在旁边有些故事就不存在了，毕竟我对孩子的溺爱要大大超过公公婆婆。

　　辽宁朝阳特定的土质盛产大枣，每年夏天，都会看到每家院子里的枣树结满了枣子。公公家也有一棵枣树，枣子也很多。儿子没有见过长在树上的枣，更没有亲自上树摘过。

　　当然，儿子上树需要人帮助。爷爷在树底下当保护人，他用小手颤抖地往上爬，抓到了树枝，又用小手去摘枣子。儿子十分害怕，因为他的胆子本身就小，从来没做过这样的事。可儿子摘下来了，他成功地完成了本来不可能完成的事。无论怎样，他做到了。

　　这可能就是成长。人总会经历好多你可能都想不到的事，但这是必要的，因为每个人都会通过不同的途径长大。

　　儿子在农村还认识了很多庄稼。最有意思的是，有一次儿子画画，把玉米棒子画在了玉米秆子的顶上。有一次回家看到玉米的时候，我问儿子："玉米到底应该长在什么位置？"儿子开心地笑了，因为玉米地就在身边。他看向了地里，玉米棒子都长在玉米秆子的中间。从此，儿子不会画错了，因为他看到了。儿子也看到了各种蔬菜，了解到辣椒长什么样，长在哪里；茄子长什么样，长在哪里，等等。

　　我们没有理由笑话孩子，因为他们缺乏生活体验。如果我们让他们体会到、看到，怎么能出现一些无知的笑话呢？我们总在让孩子吃这吃那，又是否告诉过孩子这个东西原本是什么样子，应该长在哪里？

生活是一本永远学不完的书，只要你想学，就会有收获！

暖心贴

让孩子经历就是一笔财富。想一想，我们现在可以回忆起来的是不是我们小时候淘气的时候？那是怎样的美好啊！当一个人的回忆中没有任何值得眷恋的时光，你不觉得这个人的人生太过于悲哀吗？

晨宇说

回老家是我最"接地气"的时候，也是我记忆中抹不去的一部分。它让我假期更加充实快乐，也让我多了一份人生阅历。

打造思维

如果思维能力很差，孩子就会缺少逻辑和条理性，很难处理好各种问题。如果思维能力很强，孩子在未来就具有很强的竞争力。这是一种生存的技能。

人生各有不同

对于郑渊洁，我不认识，但很熟悉。看起来似乎很矛盾，但这是事实。

在儿子《童话故事》《童话大王》的封面上，经常会看到一个"光头"，他就是郑渊洁。他让儿子走入了童话的世界，而他的童话又有着很多的现实意义，让儿子在了解故事的同时，也加深了对社会的认识。

提到他，原本的话题是在他的故事里，在他的童话里，但后来的一段日子里，儿子和我经常探讨的是他对儿子郑亚旗的教育问题。

如果让郑亚旗用一个字来评价自己的父亲，他会说"神"。这个"神"既包含神通广大的意思，也包括神经的意思。作为郑渊洁的儿子，他走在一条爱与快乐的路上，经历着普通人的喜怒哀乐，也享受着普通人无法体验的惊喜。

退学，在家接受爱与自由的教育——"童话大王"郑渊洁曾为儿子做出惊人的决定。

今天，"童话大王"的儿子长大了，作为父亲的"试验品"，他究竟长成了怎样的一个青年？

现在，他是老板，父亲是他的打工仔。

郑亚旗，一名壮实的北京青年。他留着光头，讲话语速很快，稍显成熟，但有着凝结着一丝淡淡愁容的宽阔额头。只有翻开他的履历，与众不同才开始显现，学历：小学。

他在肯德基排队，转头对父亲说："郑渊洁，别忘了给我钱啊！"

郑亚旗从小就直呼父亲的名字，他认为这代表了一种平等。郑渊洁解释，18岁之前他负责郑亚旗的一切，18岁之后，郑亚旗就独立了，他们在经济上是分开的，无论什么都实行 AA 制。

儿子经常和我探讨这对父子的故事。我在肯定一些内容的同时，也和儿子探讨一些不合常理的事情：他们可以冒险，因为他们有这样的资本。他们这样做有自己的成功的想法，而我们作为普通的父母，没有这样的魄力，毕竟孩子的成长还应该走常人的路。

爱与自由的教育有不同的含义，其实在开明的父母身上，孩子也在享受着爱与自由的教育，只不过程度不同而已。可能我们还让孩子在学校就读，但那是一个孩子成长的大环境。孩子应该在那样的氛围中成长。

我对儿子说，家一定会给你充分的爱与自由。学习是自己的事情，在家里的时间也可以自己做主，只要有明确的是非观念，进行理性的分析，然后做出自己的选择。

爱与自由没有错，但要有自己的思维与想法。

(暖心贴)

教育的方式有很多种，但无论采用哪一种，都不能让教育的本质发生变化，那就是爱与自由。有一天，你会发现，教育本身是一种人类感情的传递。殊途同归，无论我们做什么，不要强加到孩子身上太多。每个孩子都有适合自己的方式，选择适合孩子的教育才是最好的！

(晨宇说)

郑渊洁是我到现在都没有变过的偶像之一。我读过他的绝大多数非系列故事，特别喜欢那些偏成人化的童话。他作品里的一条条哲理都曾被我奉为人生金律，也会觉得他在作品之中于平凡处道出了人生真正的精髓之处：想象力、对社会的思考、对他人的友善……郑渊洁给我的影响实在太多了，而且会影响我一辈子。

原来广告也精彩

电视广告实际上是很多人不认可的。它们会借用一些谐音字，让孩子们在认知上发生错误。但我在这里还是要感谢电视广告，因为它给儿子带来的是背诵能力的提升。

儿子从小就有这样的能力，电视里的歌曲也好，电视里的广告也罢，在儿子的口中根本就没有不会的。只要广告一出来，儿子的广告词就可以一个字不差地说出来。不知道是广告出现得多，还是儿子的记忆力太好了，反正，只要到了广告时间，他就会很认真地说出广告词。显然，儿子的记忆力是很好的，这也是对孩子的一种锻炼。

儿子有一点我觉得特别厉害。现在的广告拍得总会扑朔迷离，让你根本不知道卖什么。于是，我和儿子之间的故事就多了一个内容：往往出现了一个比较新的广告，或者这个广告从开头你根本看不出来卖什么的时候，我们就会在一起打赌，猜可能是卖什么的。猜对的多数是儿子。我们曾经做过太多这样的事，儿子几乎百猜百中。

是因为儿子看得多了，还是有其他原因？

后来，我问儿子，儿子说，你看开头的内容，目的往往是想做什么，然后想达到一个什么样的效果。这样的话，就知道是为什么做的广告。

听着儿子头头是道的分析，我明白了，其实生活中每件事都是一种学问，只是我们没有从中努力去反思、去琢磨。事实上，这也是一种观察事物的能力，一种分析问题的能力。大人为什么猜得不准？是因为我们的角度不同，我们对广告了解不充分，我们没有从它们的角度去考虑，没有从它们的目的去想问题。所以，我们往往从事情的表象出发，这样考虑问题的角度就错了。

广告本身又代表着社会的一种发展方向，它会将最时尚的元素放到电视中，一旦出现什么新的内容，会在第一时间做广告，让大家知道，而这恰恰是时代潮流的引领。这也给了我们每个家长和孩子很好交流的机会。

我们似乎总在抱怨生活给我们带来的负面影响，其实它们也给我们带来了太多发展的机会，让孩子的成长加速。我觉得，我的思想之所以还能走在时代的前列，完全是因为我和儿子接触很多、交流很多，倒不是因为广告，但至少在这里还是能了解一些新的东西。

其实，生活给我们的机会太多了，让孩子成长、成熟。作为父母，应该把握每一点，不要把一切都看成不好的东西。阳光在生活中，只看我们如何去把握、如何去分享！

暖心贴

社会在发展，我们应该学会接受任何一种事物，特别是它们给我们的机会，我们一定要把握住。孩子特别爱看广告，我们可以和孩子一起看，讨论一下广告词，猜一猜是卖什么的。这是一个共同的话题，是一种良性的沟通。

当今社会，想和孩子倾心地交流对于很多父母来说，是一件很难的事。为何不把握一些现成的机会，让孩子感受你的爱、感受你的理解、感受你和他们相同的梦想？这样孩子的成长才会是健康阳光的。

生活处处值得思考，让孩子养成事事都思考的习惯才会让孩子显得机灵。

背后的乐趣

在儿子的生活中，动画片占了太多的时间。生活在这样的时代，社会在发展、在进步，很多事物我们只能选择接受。

可能有些家长怕对孩子的眼睛不好，所以不太想让孩子看电视。但是，试想一下，当大家都在谈论一个很火的话题时，我们的孩子却像一个傻子一样在一边听，什么都不知道，孩子还会有自信去与人交流吗？人生在任何时候一定是有得有失的，只是看我们怎么去处理。

孩子看动画片，家长尽量要陪着。有些动画片的内容，不完全是健康的，如果你在，就可以做及时的引导和解释。有些孩子看不懂的内容，你完全可以和孩子一起来想象，让孩子在动画中感受人与人之间的爱与关怀。

儿子小时候，我陪他看得比较多的是《数码宝贝》。看着那些小宝贝进化，儿子是很高兴的。兴奋的时候，我们不妨和孩子多一些交流。人总得有本事，才能成为优秀的人。和儿子看《哪吒闹海》，看到的是社会的一些不公，解读出来的是对父母的孝顺，应该如何做人。

和儿子一起看动画片，还有太多的好处。你可以和孩子有很多共同的话题，我们经常说和孩子没话说，是因为你没有走进孩子的世界。现在看来，在动画的世界中，才能看到人类最真、最美好的东西。

你还可以让自己变得很年轻，因为你心里接受的都是儿童的故事，那个世界并不复杂。

你还可以变得更时尚。当人们累了的时候，很多人是需要回归的，不妨用这种方式释放一下内心的压力。

如果我们可以在孩子身边陪同，还可以分散孩子的注意力，让孩子不至于长时间盯着电视看。长时间看电视对眼睛确实不好。孩子本身还很小，我们可以给孩子讲道理，让孩子养成一个良好的习惯。孩子终究是孩子，我们成人有责任和义务去监管孩子。一举多得的事情，何乐而不为呢？

动画片孩子是要看的，毕竟观众定位是孩子，所以更多的是为孩子做好的品德的引领。

有的父母往往会带孩子出入一些场合，让孩子在大人的圈子里生活，这也是不对的。就像小苗一样，他们没有办法接受突然长大，拔苗助长一定会出问题的。

抓住每一个机会，陪伴孩子成长！

做父母的不是忙于事业，就是忙于家务，这是很正常的，所以经常安排孩子自己看动画片。这个时候，其实我们应该陪伴孩子。因为他们在面对一个不能进入的世界，他们更多的是模仿。如果我们可以和他们讨论，孩子就生活在一个活生生的世界里，这是一个有对有错、有着温情的世界。如果我们有机会陪伴孩子，这个过程往往会变成一个亲子沟通的过程。这要比你坐下来生硬地说教好得多。

其实，如果我们把握机会，如果你的生活与孩子交融在一起，你会发现你的幸福指数会提高很多！

可能绝大多数人没有心情陪孩子看动画片，觉得它们很幼稚。但是，这恰恰是与小孩子沟通、交流、拉近关系的最好方式。试想，孩子是喜欢只知道喜羊羊和灰太狼的家长，还是跟他讨论哪集灰太狼飞得最高的家长？

演绎别人的人生

电影院的花费是很昂贵的，说实话，以前我是没有办法接受的。如果花上百元看一场电影，真是舍不得。但是，现在看电影成了我家生活的一部分，不是钱多了，而是生活观念不一样了。我们更需要看一看生活以外的人生。

现在的孩子生活太过于单调。尽管我们一直努力帮助孩子调剂生活，但没有伙伴是孩子生活单调的主要因素，而这一点又是我们所有人改变不了的。我们小的时候，可以有兄弟姐妹，玩什么都行，哪怕在一起玩树叶、玩泥巴，那都是幸福的事。可是，现在的孩子哪有这样的机会？

这种情况下，我们就需要为孩子提供一些共同生活的空间。家里的空间太有限，他们的兴趣点往往和我们也不同。这样，电影院里很有气势的大片，就成了全家人的期待。特别是每个周末，我们都要有计划，那就是用不用出去看场电影，吃点喜欢的饭菜。儿子会上网去查，然后提出自己的想法，我们两个就是陪同。看过太多的电影，儿子每次都会提出自己的问题，我们都会为电影里的一些内容讨论一路。

《博物馆奇妙夜》《变形金刚》《蜘蛛侠》《钢铁侠》《绿灯侠》《龙骑士》《冰川

时代》《功夫熊猫》等，太多的电影陪伴着我们，我们可以为正义一方加油，也可以聊电影里那些仙境一般的画面、那些有意思的话题。

我们分享着自己的看法，我们会在电影中寻求一个焦点来关注、来探讨。

最开始的时候，因为有些科幻内容，场面往往过于刺激，儿子在看电影后会很害怕，晚上回来就在梦中续写着电影中的故事。

后来，我们再看这样的电影的时候，就会把时间提前，让孩子白天看。回家之后，我们和他谈一些无关紧要的事，让孩子的注意力发生转移。这样的话，孩子就不至于在晚上做噩梦了。

孩子的世界是一个想象的空间，我们不能太多地束缚孩子，应该让孩子在自己的理想世界里找到自由。现实生活有时过于单调，对于孩子们来说，如果每天不去玩一玩电脑游戏，我们试想一下，孩子还会有一个独立生活的空间，还会有和人交流的空间吗？

与其这样，我们不如让孩子的世界更加多彩。想象力决定着孩子的未来，他敢想，才能敢做。在更多的电影中，我们可以看到人们对未来世界的憧憬，其实孩子更需要这些。

陪孩子看电影，是一个不错的选择，可以让孩子更智慧、更强大！

暖心贴

电影院里的冲击与震撼，是其他地方无法比拟的。

看电影是个高消费的动作，但我觉得很值得。那是一场视听盛宴，带给你的是视听上的冲击与震撼，封闭的空间会给你一种遐想。你可以感受到场面的宏大，可以体会到人的渺小，也可以体会到未来世界的无法预知，让你觉得一切都是那么无助。

在这样的氛围中，我们可以渗透给孩子这样的意识，未来社会需要我们很强大，需要我们有太多的能力，否则我们无法立足！看电影是教育的绝好机会！

晨宇说

我从小到大看了无数场电影，看电影现在已经成为我家必备的消遣方式。我可以在电影中经历更多平时经历不到的事，也会和父母讨论片中的人物、时间、做法。我想，我也是在这样的交流中成长得越来越快。

成长的别样方式

现在算一算，和老公生活在一起已经 20 年了，说得再具体些，和公公婆婆生活在一起也已经 18 年整了。

说实话，这么多年以来，我们俩脸红的次数都是有数的。我俩经常会说，好像有几年没吵了，要不咱们找个话题吵一下。然后，我们两个就都乐了，这岂不是没事找事？

儿子小的时候，工作、家庭、孩子的事太多，真有一次不开心，但我们不存在吵起来的问题，就是脸上不高兴。就算不高兴，也不让孩子和老人看出来。所以，在儿子的生活中，父母的感情是没有任何问题的。他习惯于我们俩开心地和他在一起，而不是其中一个人和他在一起，或者看到谁不开心。

有一天，我们俩有些生气，各自在一边躺着看书。

那天，儿子来到我们屋，很好奇地坐在了我俩的中间。他一会儿看看我，一会儿看看爸爸，然后用小手摸摸我，又用小手摸摸爸爸。我们俩都朝着儿子乐了一下，但互相还是不理对方。

"你们两个吵架啦？"

"没有啊，你为什么这么问啊？"

"你们看看你们中间的距离，以前我每次来都要挤进来，可今天你们中间空了这么大的地方，这不是吵架了吗？"

看着儿子委屈着急的样子，看着儿子可爱认真的脸，一切都烟消云散了。

"没有，你看我们中间不是给你留了地方吗？"

"可我愿意往里边挤。"

看着这样懂事的、细心的儿子，我们也不再生气了。两口子在一起怎么可能一点分歧没有呢？有这样的儿子，我们还有什么不知足的呢？

儿子在我这里疯闹一会儿，又去老公那里逗一会儿。父母的爱对他太重要了，他能明显感觉到父母关系的变化。他的感知特别清晰，爱与不爱、开心与不开心在他这里体会太深刻了。

对孩子，我们一直都是爱、尊重和鼓励，从来没有动过粗。其实，孩子生活的世界是什么样子，就会把自己的未来塑造成什么样子。

作为父母，我们应该让孩子体会温馨和关怀，让他们将这份和谐与爱传递下去，温暖自己，温暖社会。

不稳定在很多家庭都会出现，孩子能感觉到生活中的危机。其实，作为父母，我们要尽量让摩擦减少，让争吵发生在背后，吵架时离孩子远一点，解决完再回家。我们要给孩子一个安全的空间，让孩子有安全感。

我们是孩子的榜样，我们的生活状态往往植根于孩子的心中。没有人会希望孩子未来不幸福，说教是没有用的，我们应该努力让孩子生活在一个幸福的空间，这样我们的孩子未来就是幸福的！

有句话，也是郑渊洁说的，每天吵架的父母不配当父母。给孩子幸福的家庭才会给他好成绩和好人生。

打开思维的门

儿子学奥数和别人都不一样，我们完全是为了完成任务而学习的。很多人都不信。

儿子在上小学之前，我坚守自己的原则，绝不补课，一直坚持到小学二年级。基于这样的原因，儿子在小学三年级之前什么都没学过。当然，除了他喜欢的书法、钢琴、乒乓球、英语。

每次考试，语文、数学试卷都是"100加20"的构成模式，儿子往往都得不了满分。儿子的语文还好一些，而数学那20分全是奥数题。我没太在意，但儿子每次却是在意的。

学校有一个规矩，每到小学四年级的时候就会按照奥数成绩，分出A、B、C等班级，每个班40名同学。这样，小学三年级的暑假就面临这样一个问题：现在的水平能不能考到好班？儿子想不想去好班？最后，儿子决定去好班，补学奥数。但是，我补充了内容：这个暑假学习一下可以，考进去之后就不学了。于是，我们开始了奥数之旅。

儿子如愿考入了A班，前40名，我们俩开心得不得了。不学奥数了，这是我们的共识。

可开学没多久，这个事就流产了。有的家长告状，说四年级暑假才应该分班，还没来得及准备。于是，这件事又推到了四年级的暑假。我们俩面对眼前的局面，不知道如何是好。没办法，只能继续学。

四年级又考上了，我们终于可以不学了，可教奥数的老师找到我说："不能不学，这岂不是前功尽弃了？你儿子完全可以考免费的，他太有潜力了。而且没多长时间，五年级就考了，也不差这不到一年的时间了。"

我和儿子的计划又破产了。学？还是不学？太闹心了。

最后，我征求儿子意见。他说要学。但是，我提出了要求，学可以，我可以交钱，我们也保证接送，但课要上得有效率，回家不能再占用玩的时间去做题。儿子学奥数期间，回家一道题没做过。别人的家长全在那里学习，回家教孩子，我们家是能让孩子学就不错了。

五年级考了好多次试，都不知道是哪个学校考的，反正最后直接告诉我们免费录取了。我们不用再学奥数了。我真的不知道自己的这个想法是不是有问题，反正上初中后，儿子的数学潜能没太让我挖掘出来。不知道和这种教育方式有没有关系？

后来，别人让我们再学，再去考"直通"。我说什么也没让孩子去学，我觉得这是种思维，儿子的思维还算是打开了。可能这是我认知上的错误。有些时候想：我是不是因为对孩子溺爱，所以耽误了孩子？

儿子学习奥数后，自信有了、思维有了，所以孩子学奥数是正确的，这是一种思维方式的培养。现在想想，孩子学什么都不白学。

(暖心贴)

学习是一种兴趣，是一种能力的培养，是一种习惯的培养，是一种思维的开发。我们应该让孩子选择他们感兴趣的知识，这样可以事半功倍。

家长可以为孩子助力，可以给孩子创造好的学习条件，可以为孩子补课，帮助孩子找回自信，形成一种终生受益的习惯。这才是我们补课的最终目的。

(晨宇说)

奥数不是人人都适合，但如果学得不累，学一学总没什么坏处。

形象思维很重要

很多人一直以来觉得我家孩子语文一定会很好，因为我是教语文的。以前，我一直否认这一点，但现在觉得儿子确实有些"近水楼台"了。

从小开始，我其实从来没有教过儿子语文，或给他辅导什么，我主要想到的是给孩子提供全方位的教育。但是，孩子会有很多的疑问来问你，我觉得这可能就是孩子的优势了。我既是班主任，二十年的班主任，又是语文老师，儿子总以我为豪。在儿子心目中，妈妈是最优秀的语文老师，所以觉得自己语文不好是不行的，会给妈妈丢脸。这就是语文老师的儿子得到最多的，这是一种原发的动力。

有些时候，儿子也会和我探讨一些语文问题。多数时候，我不会就题解说，语文毕竟是一门很特殊的学科，它是语言，不是简单地会几个字音、几个字形就行了。它是一种思维方式，还是一种生活工具。我们的目的不同，学习的方法和内容也是不同的。

语文的教学应该是"授之以渔，而不是授之以鱼"，我们应该教会孩了捕鱼的方法，而不是给孩子两条鱼就可以了。鱼总有吃完的一天，可方法会了，只要有鱼，孩子就不会挨饿，这是硬道理。

在我们探讨的过程中，我就会告诉他，这件事情应该怎么去想。其实，这件事大家都可以做到，把成人对问题的正确看法告诉孩子，孩子的思路就会开阔一些。语文没有固定的思维模式，但我们应该让孩子形成一种正确的世界观、人生观和价值观。

我们会针对自己的想法在一起交流，儿子对语文就会有深度的认识和思考。我不会让他觉得他在学习语文，而是让他形成一种思维方式。有些不是问题的基础性内容，不妨让孩子自己去学就行了，给他的越少，他的学习能力反倒越强。

儿子的语文成绩确实一直不错，我倒觉得有赖于学习的扎实基础。语文成绩不是教出来的，往往是在学习过程中，孩子提高了悟性，提升了语文素养，提高了自己对问题的认知，形成了自己的思维，这才是语文学习的根本。

暖心贴

对家长来说，管与不管，能不能管好，与当不当老师没有一点关系。其实，我们每个人都是从教育中成长起来的。

我们需要对教育进行深度的理解和及时的反思。每个人都能做好自己分内的事，都是自己行业里的领导者，我们可以用心做家庭教育，我们会发现其中很多规律是相通的，语文教学也是这样。我们不能不佩服西方很多国家的家庭，教育是一个家庭的主题，他们在很多的时候是以孩子的发展为核心。这样孩子自然就会涉猎很多、懂得很多，这是能力的培养，思维的提升。

语文教学就是教孩子做一个好人，做好人的方法、做好人的习惯、做好人的思维！

社会是个大舞台

儿子从小就有人缘，受到很多人的喜爱。慢慢地长大了，儿子对朋友这个问题有了自己的见解。

小学的时候，儿子有个姓李的同学，我们两家住得很近，两人的关系不错。大人的关系也很好。我们时常在接送孩子的时候，聊一聊孩子们的事。

他们学习都不错，也都很憨厚，不会耍心眼，自然就成为了很要好的朋友。

还有一个王姓同学，儿子和他的关系特别好。原因无他，只是因为他们之间有太多的共同点，有太多的共同话题，他们可以一起努力、一起奋斗。

后来，儿子和很多其他同学关系也很好。有些同学过于功利，有些同学缺少真诚，儿子付出得太多，就陷入了迷惑之中。

"妈妈，到底什么是朋友？"

"儿子，这个话题好沉重啊！你遇到什么事啦？"

"妈妈，其实我对待同学都像好朋友一样，可有些人你对他好，他对你反倒不好，你说这是为什么呢？"

"儿子，妈妈有个理论不知道你能不能听懂。妈妈时常这样想，你对别人好是对的，因为你的心地是善良的，别人对你不好是正常的。别人对你好，说明他也有良知。我们在对别人好的时候，不要追求回报。有回报是一种赏赐，没有回报是正常的。当你以这种心态与人相处的时候，你会发现真朋友，你对他好，他会对你更好。有的人在你的人生中只是一个路人，因为你的付出没有任何效果，与其这样，不如多对自己认可的朋友好一些。"

"这些事好复杂，我好像有点懂，又有点不懂。"

"长大后你就懂了。其实，朋友就是在关键的时候，互相伸把手，互相扶持一下，这就足够了。在你需要的时候，他能伸出手，在对方需要你的时候，你毫不犹豫帮他，这就是朋友。无论距离多远，无论时间隔了多长，只要需要，他会在第一时间出现在你的面前，这就是朋友。朋友没有要求，朋友不需要总在一起，朋友不需要解释，很多事情，一个眼神、一个动作就足够了。"

"妈妈，会有这样的人吗？"

"一定会的，妈妈在人生每个阶段都有这样的朋友，妈妈很幸福，有朋友的日子是很幸福的，人生是有依靠的。"

儿子一直在思考，似乎他想消化点什么。我知道，他长大了就懂了。

我们要让孩子们明白，真正的情谊是可靠的，建立在金钱基础之上的情谊是不太可靠的。

孩子的心地是善良的，孩子的友谊是纯洁的。我们要让孩子感受一些真情，免得孩子有一天迷失了自己。

我们应该让孩子看到人性本真的东西。一生中，总得让孩子体会到人性美好的一面，才能让孩子懂得生活的美，懂得欣赏和珍惜生活中的美好的情谊！

晨宇说

朋友是人生中最重要的组成部分。由于乐天派的性格，我总会交到好多朋友，但也会困惑、迷茫。对于如何交友、与谁交友、朋友与挚友的区别等，这都是小孩愿意想但想不明白的。家长应该多关注孩子的交际圈，让孩子少一些这样的困惑。

第4章

用"心"呵护孩子的幸福力

理解孩子成长的十个烦恼

端正孩子的三观——世界观、人生观和价值观，孩子的烦恼自然迎刃而解。孩子之所以烦恼，是因为他们没有正确的人生方向，没有正确的价值取向，没有合理的人生目标。他们的烦恼更多是因为缺少对人生的思考，如果思考了，家长引领了，孩子的烦恼自然就消散了。

每当看到我的学生在成长中遇到困难，流露出期待眼神的时候，每当看到家长在教育中遇到孩子的反抗，流露出无助眼神的时候，每当看到学生在学习中感到特别困惑，流露出迷茫眼神的时候，每当看到家长在生活中遇到孩子不理解，流露出痛苦眼神的时候，我知道，我有责任让更多家长的视野开阔些，有责任让更多的孩子感受到幸福与快乐！

——一位老师也是妈妈特别想说的话

当岁月的年轮滑过脸庞时，我从来没有想过，原来苍老对于我们来说，只是很短的一瞬间；当错杂的记忆涌上脑海时，我从来没有想过，原来成熟对于我们来说，只是很可贵的瞬间。我不晓得我怎么了，我只是知道，每天我都在感受着孩子们的成长，每天我都会有很多很新的感受，如果用一句话来形容，那就是痛并快乐着！

我没有鲁迅那样犀利的笔锋，我有的就是一颗面对学生的善良的心和一份永久的责任。我想唤醒孩子们的灵魂，我知道我们现在缺少的绝不是知识。

我不晓得从哪里讲起，没有于丹在讲坛中的口才，没有文人美文中的语言，我有的只是孩子，孩子的笑脸、孩子的言谈、孩子的行动、孩子的关爱和与孩子在一起的点点滴滴。

烦恼之一：抉择

这个假期简直太折磨，儿子上小班的事，可谓一波三折。世上本没有事，可是因为能整事的人太多，于是就有事了。真的是庸人自扰，给儿子带来了太多的困惑。

其实，给我们的家庭也带来了极大的困惑。

我们不知道在什么时候、什么地点，儿子就被抽到要参加考试了，也不知道在什么情况下儿子就被录取了。这就是吉林大学子弟中学的工作，一切都在不知不觉中进行。你被录取了，至于为什么，它不会去说明。

一头雾水、一脸茫然，没办法，还是要去的，因为毕竟名声在那里。所以，整个假期，我都被这件事困扰着，原来的计划全部落空了。儿子假期没做作业，因为不知道开学到哪里去上学。

人生当中，选择是无处不在的。孩子小的时候，选择的事情就都落在了大人的身上。我们应该为孩子做出全面正确的选择，孩子的人生能走多高走多远，和我们的选择息息相关。

作为家长，全面考察，分析利弊，才不至于让孩子走太多的弯路。孩子长大，他可以自己选择的时候，我们要教会他们选择的方法，让他们的人生路走得更为顺畅！

烦恼之二：名牌

对于这件事，我一直很自信。但是在 2010 年 8 月 29 日那天，我的那份自信却突然有一点缩水了。

早上出门，我无意中说："儿子，妈妈今天应该去给你买身衣服，衣服都小了。"儿子的反应十分顺畅："妈妈，我喜欢我身上的这身衣服。买这样的多好。""为什么？""因为是阿迪嘛！"儿子脸上的那份神情，到现在我都忘不了。他真的长大了，知道穿名牌了。

我没有说什么。

晚上，我们去超市。我看到小孩子的衣服降价了，打折后裤子才 25 元一条。我觉得还不错，正适合儿子这个季节穿。我说："儿子，咱去看看吧。""不去。""为什么？""没什么好看的。"

看到儿子满脸的不高兴，我有点茫然了。难道真的是到了这个年龄？我没有说什么，我们去了超市。回来的时候，我还是坚持自己的观点，好在儿子也没有强烈反对，于是买了两条裤子，共 50 元。他还是小孩子，只是一时抵触，我还有机会，这是我深深的感触。

但是，我还是和他讲明白了其中的道理。看样子，儿子听到心里去了。

今天，我们可以为孩子买得起名牌的时候，他们可以穿。如果我们没有给孩子买名牌的能力，孩子将来挣不到钱时还要穿名牌，他会怎么样？那我们留给孩子的又是什么呢？

烦恼之三：帅气

晚上回来，儿子的衣服领子总是立着。我记得让他放下，可就是一直立着。

"儿子，你的衣服领子怎么了？怎么一直立着？"

"我们老师说了，我领子立起来很帅，而且就后边这样立着。"看着儿子认真的样子，我真的有些无语了。儿子长大了，居然知道帅气，居然让自己这样帅气，居然在意这些东西了。这是以前从来没有过的，以前给什么穿什么，从来没在他的口中听到这样的话，怎么突然这样了？孩子真的变了。

孩子会不会因此耽误学习呢？这应该是很多家长的担心。我在表扬的同时，说了一句："小小子是不应该爱美的，美的应该是内涵才对，你说是吗？"儿子认真地看了看我，没说什么。

想让自己帅气，是每个人正常的追求，但孩子太小的时候，他们的精力投入可能会出现偏差。所以，可以让孩子帅气、自信，但绝不能让孩子的重心偏移，否则可能会徒有其表，让自己缺少太多的生存能力！

烦恼之四：守信

对儿子失信是我从来没想过的事，可我居然会犯这样一个低级错误，忘记了和儿子的约定。本来说如果今天儿子早点写完作业，我就请儿子吃肉。

结果我忘记了。

回到家，儿子那份期待、那份失望，真的让我很难过。我怎么能犯这么低级的错误。于是，我和儿子解释，然后亲了亲儿子。儿子还是流泪了，我真的很心疼。

别人可能觉得这是小事，可对于我而言，没有理由因为自己让孩子不开心，以后不能再犯同样的错误了。

守信是我们教给孩子最重要的一课。无论我们做什么，我们都不能失信，这会关系到孩子的一生。一个守信用的人和一个没信用的人，在未来生活中的结果是显而易见的。

烦恼之五：独立

突如其来的变化真的让我措手不及。

有一次，儿子想和同学单独到书城看书。我晓以利害，于是，儿子同意爷爷陪同。我以为事情到此为止了，可并不是这样。我头一次感觉到孩子的变化居然这么突然，真的让家长一点思想准备都没有。宏伟一直在劝我，孩子终会有这么一天。现在是六年级，可能上了初中变化会更大。我忽然意识到了教育有多难。

"妈妈，我在姥姥家。"

"什么？"我不太相信。

于是，我又问了一遍。儿子说："我和姐姐出来溜达，走着走着就到姥姥家了。""那什么时候回来？""我也不知道，我想和姐姐出去玩，然后再回家。""去哪玩？妈妈开车接你。""不用，我们坐公交车。"

那一刻，我突然意识到儿子长大了，不再是在我呵护下的孩子了。他长大了，而且似乎很急于独立。

我没有说什么。头一次，我回家就躺在了床上。

儿子回来后，说明天想和同学出去玩。我不知道为什么心里很不是滋味，同时感觉不太对头，至于什么不对，我还说不清楚。我处在了深深的思考当中。

我不知道是不是自己放手太晚了。儿子总说，他们同学都是自己上学、自己坐车、自己怎么样。但是，他们同学的生活里，缺少太多正确的方向，因为没人管。很多时候，儿子羡慕他们，但高兴的时候还是觉得有父母关心着好。儿子说："他们就像被别人抛弃的人。"我现在不放手是不是管得太多了呢？是时候应该收手了。

管与不管都要有个度。孩子应该独立时就放手，有一定偏差的时候，就多指导一下、多引领一下，让孩子有一个合理的发展空间。

烦恼之六：挫折

当放开的时候，孩子终归是孩子，他们很难做到有节制。儿子玩了很长时间游戏，吃饭都很匆忙，马上又投入到了游戏中。

当结束游戏后，他查自己钢琴十级的结果，没过。他开始不相信，后来再没做什么表示。我觉得事情严重了，该和他谈谈了。

"儿子，我们谈谈吧。"

9点钟，我们开始了很正式的谈话。结果是这样的：

（1）如何面对人生第一次失败？

失败可以，也可以大方面对，但绝不能没有任何的思考，需要认真反思失败的原因在哪里，应该变被动弹琴为主动。人生失败是正常的，没有谁一生都是顺利的，但如何看待自己的失败很重要。

（2）如何面对自己独立的问题？

我们无条件支持你的成长与独立，但你需要听取大人的意见。你应该有正确的价值取向，否则在独立过程中，总会走偏路，一旦脱离轨道太远，代价就太大了。

（3）如何过好自己六年级的生活？

不能这样碌碌无为，应该用知识充实自己，应该有自己正规的生活，每天可以看点书、下下棋、弹弹琴、唱唱歌、看看电视。做每件事都应该有收获。

"上天选择了我，就是让我改变这个世界。"这是儿子发自肺腑的一句话。我体会到了儿子身上的那份大气与责任。我觉得，我应该让他自己的信念一直支撑着他的思想。作为家长，我们一定要引导到位，我们是领路人，我们是指引者。

（4）如何对待长辈？

儿子曾经对爷爷有着太多的不耐心，说话声音很大，理由是爷爷的耳朵太背了。

这确实是事实。儿子曾经和我说："妈妈，你把借我的钱还我，我想给爷爷奶奶买助听器，因为他们的耳朵太不好了。"我真的很感动。

即便如此，我们也不能和老人大声说话，应该耐心解释。设身处地想一想：当我们老去的时候，子孙这样对我们，我们会高兴吗？

儿子的泪水一直在默默地流淌，我没有制止。我觉得无论打动他也好，他觉得委屈也好，无助也好，总而言之，我觉得对他来说，一定是要认真思考。

孩子的教育是一个很漫长的过程，我们应该在孩子遇到问题的时候，帮他们解惑。单纯让孩子自己长大是很难的，毕竟独生子女生长的环境是顺风顺水的。遇到挫折，他们要积极面对，这样才能在离开父母视线的时候，有机会生存得更好！

烦恼之七：陪伴

早晨走时，儿子居然问我："你一定要出去赚钱吗？"看到他一脸的茫然，我说："是的，一定，否则家里的日子就会很不好过。"儿子没说什么，认真地看了看我。生活就是这样，趁着现在还有得忙，还能忙得过来，我确实应该做点什么。

今天领儿子去了"新天地"，玩碰碰车，看到了儿子最快乐的一面。在我的记忆中，他还是第一次单独坐这个，以前都是爸爸和他一起坐。看到儿子小脸上的汗水和那份喜悦，我真的好开心。

他又玩了海盗船，下来的时候，几乎是被扶下来的，用他自己的话说就是腿都软了。儿子的胆子就是这样小，但他还想去尝试一下，结果就是再也不想坐了。

他又玩了一种用手操控小人踢足球的游戏。儿子的小手那样灵活，他是那样兴奋。儿子还是个爱玩的孩子。

孩子在成长中，最需要的是陪伴，没人陪伴孩子是很苦恼的。孩子需要的是朋友，是与他们交流的人。我们应该让自己和孩子成为朋友，才能让孩子少些烦恼。

烦恼之八：扶持

那天到家都晚上10点多了，儿子给我们留了作业，而且任务很艰巨。

上星期五的时候，学校组织学生举办了"走进父母工作间"活动，中午就放学了。由于路不好，我就在家里给他拍了一张照片，反正我是老师，工作就是讲课。

我以为照片交上去就结束了，结果今天又留了作业给我们。

家长作业（笑脸）：

一、语文卷（全班第一无并列）签字，两人。

二、英语卷（全班第二无并列）签字，一个即可。

三、｛重点｝一人拍，一个人谈对于"走进父母工作间"的感想和收获。（拍下录像存入红 U 盘中）

要求：全部完成。（笑脸）

儿子（笑脸）

我俩对视，决定立即行动。

宏伟弄录像机，我准备讲，作业完成。

我俩如释重负，快 12 点了，终于可以安心地躺在床上了。我们不但安心，感觉似乎也是一种幸福吧。

可能有的家长觉得这件事是胡闹，其实不然，孩子是很在意的。当你在意他让你做的一切的时候，你会发现他也在意你的要求。这是一种相互扶持，一种互相的尊重。所以不要总把孩子当作小孩子，他们应该有属于自己的生活，我们有责任去担当这一切！

烦恼之九：攀比

晚上接儿子放学回家，路上，是我们一家三口最幸福的时光。

"妈妈，我好开心，我们今天看你录的内容了，我们同学说你妈长得好漂亮。"

"瞎扯，妈妈还漂亮？"

"真的，我们同学看录像时说的，还说你妈真有才呢。"

"真的？"

"那当然了，我很高兴，很自豪。"

"哟，经常都是妈妈以有这样一个儿子而自豪，头一次你还以有这样一个妈妈而自豪，不容易啊！"

"是啊，妈妈以有我这样一个儿子而自豪，我以有这样一个妈妈而自豪，那爸爸呢？"

宏伟在那里就剩下乐了。

"你什么时候也让我们自豪？"

"其实我也不差。"

"倒也是。"

"其实，爸爸最富有了，有可以自豪的媳妇，还有可以自豪的儿子，他多好啊！"

是啊，看到儿子的兴奋劲，我们一身的疲惫全都消失殆尽。

这就是天伦之乐吧？看来，做父母的真得努力，要不孩子的脸上无光啊！认真对待孩子的每一件事，他们也会认真对待你的每一件事。

烦恼之十：叛逆

天气一直阴沉沉的，偶尔放些亮，雾蒙蒙的天气真的令人讨厌。

我觉得很累，身体很沉的感觉，可能这段时间真的在透支身体，而且很严重。我感觉每天休息都不够，总想睡觉，可似乎恰恰又没有睡觉的时间。没有办法，我就以这种借口犯了一个很大的错误。

每个星期六和星期天都是和儿子交流的最好时机，可由于太累，没有机会和儿子谈话，本来可以很温馨的一天，结果让我弄得乱七八糟。

我洗澡回来时，儿子在吃饭。我坐在桌子前。

"周五有一个关于 NEAT 的培训。"儿子边吃边说。

"什么时间考？""不知道。""你没问老师吗？""不知道。"听着这两个不知道，我心里很不是滋味。

昨天还有一件事。

送他去上课的路上，爷爷说："上午在吉林大学上课的时候，不知道通知的是什么事，说有一个比赛，有的家长交了 500 元，不知道什么原因，又退回了 100 元。"

"这是怎么回事？"我马上问儿子。

"我上哪知道去啊？我也不知道。"

"这不是你的事吗？你为什么不知道呢？"

"我就是不知道。"

这个时候，正好到了学校，我很生气，但没有说什么。

我在想：也许这就是叛逆吧！

结果，今天又出现了同样的情况。而且让我很不理解的就是：老师留了一道作文比赛的题，他从心里不想写，可老师让他写，他没办法，于是就带着一种畏难情绪在做这件事，明显是对付。

看到这一切，我觉得不能不谈谈了。我真的很生气。

"你不觉得你应该反思一下吗？王晨宇。"

"我为什么反思？"

"你自己的事情，你就不能问清楚吗？怎么都变成一问三不知了，那岂不成了傻子？你自己想想，从昨天到今天的事？你难道没想过，这些都是自己的事，有什么理由自己什么都不知道，而让别人去帮你问呢？还有，作文怎么写成那个样子，自己就没好好想一想吗？"

听到我的问话，儿子盯着我看了很久。显然，他没想到我会生气，而且会质问他。

"我问了，可他们也不知道啊！"

"不知道为什么不去问别人？问知道的人啊？"

"我问了，可他们就是不知道啊！"

"还和我狡辩，是不是？要不咱们现在就给老师打电话？看你问没问？"

儿子哭了，他很委屈。

"你为什么哭？给我个理由。你很委屈吗？"儿子哭得更严重了。

"你是个男孩子，怎么能总哭呢？我最不喜欢的就是你哭了，你难道不知道吗？"

"你的话那么重，为什么？我又没做错什么？"

"那好，咱俩就说说，自己的事情是不是应该自己去问清楚呢？"

"是。"

"那老师布置的作文应不应该好好写呢？"

"应该，可是我们大家都很不高兴老师在周末的时候留作文，我也不开心。"

"那仅仅是一篇作文吗？你想过没有，那是老师对你的赏识和信任。你就是不高兴写，也应该回报老师对你的那份信任吧！你这一生还会有很多这样那样的比赛或任务，可能有你愿意的，也可能有你不情愿的，可事实上，我们可以不去做吗？"

"不能。"

"对，既然不能，你是不是就应该把它做好呢？你想想，打仗时，我们都打些没有准备的仗，我们能赢吗？不能，对不？做事情，我们不用心去做，我们能做好吗？不能。既然做了，我们就应该做好，你说是不是？"

"可你说的话太重了，语气从来没有那么重过，好像我犯了多大的错误。"儿子居然还在哭。

"别人家的孩子，父母还又打又骂的，我从来没打过你，也没骂过你，语气重点就接受不了啦？"

"正因为别人家的孩子，家长又打又骂，所以他们习惯了，可你从来都不批评我的，况且今天语气又这么重。"看着儿子委屈的泪水，我的心里很不是滋味。可我还是要挺住。

"那你觉得以后应该怎么做？"

"以后自己的事情一定要问清楚，认真对待每一次比赛和老师交给的任务。"

"那好，如果刚才语气重了，妈妈向你道歉，以后妈妈也不这么说你了。"

我抱了抱儿子，搂了他一小会儿。要上班了，我说："儿子再见。"

"妈妈再见，我写作文了。"

看到儿子流下的泪水，我很心疼，我最看不下去的就是儿子的眼泪。儿子小的时候打针，他在屋里哭，我就在屋外哭，直到打完为止。但是，我绝不能让儿子带着不好的习惯长大。这可能就是成长过程中需要的阵痛吧？这可能也是蜕变过程中的必经之路吧？

父亲的教育

每一个孩子的成长都离不开父亲的教育，每一名父亲都像山一样伫立在孩子们的身后，他们的爱博大而厚重，他们的心胸宽广而温暖。感受父亲的教育，这才不失为完整的教育。

1. 你的孩子幸福吗？

很多父母交流的时候，可能都很关注：孩子的学习怎么样啊？孩子长得帅不帅啊？孩子身体怎么样啊？但我想问：你的孩子幸福吗？

每个人幸福的标准不同，所以我们追求的也不一样。多数家长时常会想：没有学问、没有知识、没有工作、没有生活来源……怎么能称为幸福呢？是啊，人不同，自然对幸福的定义也不同。我们是否给予孩子幸福的力量了？我们是否让孩子感受到幸福的氛围了？其实，孩子是否幸福，真的取决于我们做家长、做教师的。

每个人都希望自己有一个优秀的孩子，我也一样，但我的想法又不太相同。我在联合书城看了很多书，书名大多让我望而却步：如何培养最优秀的孩子，如何培养最出色的孩子，如何培养最了不起的孩子……我觉得很难做到这样。

之所以这样想，可能是因为我身份的缘故：

我是一名一线教师，工作将近二十年，当了很多年班主任。

我感谢我的教师职业，是她让我找到了自我的位置；是她给了我太多反思的机会；也是她使我知道了孩子教育的实质到底是什么；让我有机会在反思中成长，在反思中践行自己的教育理想。

我又是一个父亲，这让我深深地意识到教育孩子是家庭的第一大事，是父亲肩上重大的责任，是任何东西都不可替代的。

我又是一个丈夫，这使我明白一个家庭的快乐幸福对孩子的成长会产生极大的影响，所以我要努力让自己的家庭幸福快乐！

我又是一个儿子，这使我的角色变得更全，因为我深深意识到五口三代之家，对孩子的健康成长是难得的环境。

幸福不是用一两句话就可以说出来的，应该是自己的一种体会。

儿子曾经认认真真地问我："爸爸，将来我一定挣大钱，买两栋别墅，你一栋我一栋。"我也是认认真真地对儿子说："儿子，爸爸需要的不是别墅，爸爸需要的是一种幸福。如果你没有很多钱，爸爸认为你也可以过得很幸福。幸福不是用钱来衡量的。尽管我们要好好学习，靠知识去挣钱，但不是钱越多就越幸福。每个人都有自己的幸福，知道吗？其实，咱家现在不就很幸福吗？别人开车，爸爸也开车，别人有房，爸爸也有房，只要是大家都有的，我们一定要努力有。为它们奋斗的过程其实也是一种幸福。但更多的我们不能强求，我们不求大富大贵，只求自己能够做点喜欢的事，做点有意义的事，幸福地生活就够了，你说是不是啊？"

儿子认真地点了点头。这个过程又何尝不是一种幸福呢？我知道感受幸福，我更知道享受幸福。

我没有太多的想法，孩子能否最优秀，这是多种因素共同作用的结果。我的观念很简单，就是想让孩子幸福。其实，这是我们每个家长都可以做到的，只要你想做。

每个孩子总会存在智力和心理等各方面的差异，每个人本该有自己的一方乐土，我们可以让孩子去努力创造，然后和孩子一起享受幸福。所以，我对教育孩子的定位就是如何让孩子幸福、身心健康阳光。

我的儿子小学毕业，被吉林大学子弟中学录取，我不知道这是好事还是坏事。说这话时，可能有的家长觉得我太不谦虚，孩子被免费录取，那是多么高兴的一件事啊！说实话吗？我当初得到通知的时候是很纠结的。因为我和孩子的妈妈都是教师，真的不希望儿子太累，所以我俩暗中约定，如果花一分钱，我们也不去，不是差钱，只是给自己找了一个让孩子解脱的借口而已。可公布的结果是免费，我俩当时就傻眼了，好像没有考上免费还不去的道理吧？真的很纠结，原因是我真的不想让儿子太累。可后来一想，没去怎么知道就累呢？再说了，男孩子累一点不怕，孩子多学什么，都不白学。于是，我们就这么愉快地决定让儿子去吉林大学子弟中学的初中。

很多人都认为我的孩子很出色，我们的教育很成功，他们只是看到儿子最后考到了吉林大学的小班，所以觉得很好。其实不是这样的，我更喜欢的是儿子的那份成熟、健康、稳重，还有懂事。我觉得儿子还不知道将来会发展成什么样子，没有人可以预知未来。

我不知道各位家长在孩子身上付出多少，也许你们在事业上很成功，但如果分出一点精力，你可以收获更大的成功。

我不追求最了不起、最优秀，但我想告诉大家，我的孩子至少到现在是最幸福的。我们一家三口，在这里畅谈家庭教育，把儿子成长中的点滴写出来，与大家分享。

让每个孩子都有机会做一个幸福的孩子吧！

2. 爸爸这样谈教育

作为一位教育工作者，在近二十年教育工作中，我经常遇到关于教育的相关问题。前几天，有位家长在 QQ 群里发了一则消息，大体意思是：孩子考试有神灵保佑，拜什么神灵就能得高分，把消息转发十个群就能灵。诸如此类的内容。我回了一句：教育是科学，不是迷信，我们不能单纯靠谁去教育，更多的应该靠自己。

有些家长总在说这样一句话：我们也不懂怎么教育孩子，所以老师你就多帮我们看着点。这些事不用嘱咐，老师自然会做，可这仅仅是学校教育的一部分。教育应该是各方面的合力，学校、家庭、社会都积极参与，才能发挥出最大的作用。

经常听老师们谈到某个学生学习习惯不好、逆反情绪严重、经常违反学校纪律、与父母顶撞等问题。而谈到学生的家庭背景时，我也总能发现这些孩子都有着相似的家庭背景。归根结底一句话：孩子在家里缺少爱。这个世界上哪个父母不爱自己的孩子呢？为什么这些孩子缺乏家庭的爱呢？这就告诉我们，我们要懂得爱是什么。

高尔基说过："爱护自己的孩子，这是母鸡都会做的，但教育好孩子却是一门艺术。"

我觉得把父母的爱传递给孩子，让孩子感受到你的爱，这才是教育。只有有了教育这一桥梁，你的爱才能化为孩子成长的助力；没有这一桥梁，孩子往往就会凭着本性成长，很多会出现这样那样的问题。

怎样才能架好传递爱的桥梁呢？从家长的角度来说，家长是桥梁的建造者。我们要深深地知道：社会在不断地发展变化，我们的教育环境、我们的孩子都在发生着变化。所以，我们要把教育作为一项事业来做。我们应该不断学习各种与教育相关的知识，包括孩子在不同的成长阶段，他的心理特点、生理特点、行为表现、语言表达、情绪状况，我们要做到心中有数。

我们更应该掌握处理孩子的各种问题的态度和正确做法。我们应该用适度的语言来表达，我们对孩子存在的问题要做出正常的反应，同时给孩子解决所面临问题的各种有效的方法。我们要传递给孩子的应该是符合孩子的心理、生理特点，是他乐于接受和使用的。这才是教育。

孩子是具有独立思维、个性十足的人，我们的家长是没有育儿经验、具有不同性格的人，等我们回味过来应该怎样教育孩子的时候，往往孩子已经长大了，我们只能空留遗憾。

从事二十多年教育工作，总会在学生的点滴生活中反思到一些正确的做法。在自家孩子成长的十多年中，我也不断地思考、实践，经历了很多很多的亲子故事。这些故事可能在您教育孩子的过程中也将遇到，或者不会遇到，但它们一定反映了那个年龄段孩子心理、生理发展的一般规律。我们的实际教育、与孩子的交流、我们的反思，一定会给您带来一定的启迪。

期待我们能成为您家宝贝健康成长的助力者！

引领孩子行动的十件事

教育本身并不是多么难的事，难的是有些人不去思考、不去坚持。其实，有些事情做好了，有些问题就解决了。这十件事，是家长做的最基础的十件事，坚持做好，你会收获不一样的孩子。

1. 开好每一次家长会

对于很多家长来说，家长会开与不开没有区别。特别是年纪大点的家长，更是觉得没有必要。因为在自己成长的过程中，家长也没开过家长会啊，自己不一样长得挺好吗？但现在的孩子和以前的孩子能一样吗？

每次家长会，细心聆听老师的讲解，你会发现，你了解了孩子在学校的生活，你会知道孩子这段时间在学校的各种表现。这是你对孩子进行全面了解的最好时机。经常听说或看到某个家长很忙，没时间参加孩子的家长会。家长会是学校觉得很有必要开的时候，才会开的，这是教育学生的一个关键环节。在西方很多国家里，家长特别重视到校的时间，往往父母双方请假，都到学校去，参与孩子的活动，以及孩子成长中的一些重大的事情。孩子感受到父母对自己成长的重视，自然也会渴望长大。西方孩子成熟得早，和家长的关注也是有一定关系的。

倾听老师的讲解，一方面可以了解孩子，另一方面也可以让自己懂得更多教育孩子的方法，拉近与孩子的距离。每名教师都有自己独到的教育方法，仔细去听，会感受到一些在书上、在社会上体会不到的东西。有些家长去开家长会，不是睡觉，就是看手机，实际上错过了一个很好的学习机会。

记录老师讲解的有用的点。家长应该学会筛选老师给出的信息，知道哪些可能与自己的教育有关，可能和自己的孩子有关，学会认真记笔记。实际上，这也是为孩子做了一个典范。

每次家长会对我来说，都是一个不可多得的机会。我本身是老师，但我觉得在每一次家长会中，还是会收获很多，因为毕竟我是高中班主任，有些事情还是不了解。

所以，每次家长会我都要认真去记录，回到家里后，及时反馈给孩子。

之后，我们会召开家庭会议，成员包括父母、爷爷奶奶和孩子，所有的家庭成员都要到位。因为每个人都是孩子成长过程中的一员，每个人都有责任和义务，让自己时刻关注孩子的成长。摆正位置后，很多事情就好处理了。有些家里，什么都不让老人知道，所以教育的时候往往会出现分歧，甚至站在对立的角度上。这样对孩子的教育是十分不利的。

家庭会议要十分正式和严肃。我先对所记录的内容加以充实和删减，然后针对性地对全体人员进行讲解。一定要做删减，因为有些话可以当着大家的面和孩子说，有些适合在背地里和孩子私下交流。有些应该家里解决的问题，而平时又不方便和老人交流的，特别是有时候怕老人误会的，可借助家长会的机会和老人直接交流。这样既解决了问题，又克服了教育中的难点。

每个人应该做的事情都要落实到位，每个人应该做什么自然就顺理成章了。奶奶负责孩子日常的吃穿用，爷爷负责孩子上课的接送，妈妈负责对孩子的教育等具体事宜，包括文科的一些内容，爸爸负责孩子的理科题和各种玩乐活动。

其实，当每个人都有事可做的时候，每个人都会有很大的成就感。各司其职，每个人都有归属感，都有存在的价值，同时也能体现出教育的合力，每个人又不会感觉过于疲劳。

家庭生活本来就应该是这样的，有序，有力，有理，有情，有凝聚力，这样孩子才能更好地身心健康地成长。

2. 倾听孩子的每一次诉说

"小孩子，有什么好说的，更没什么可烦恼的，才多大啊！"这是很多家长的普遍心理。实际上，这是对孩子的不理解和最大的伤害。

想一想大人的生活，你不高兴的时候，你会找朋友聊天、找朋友喝点小酒，你会打打球、打打麻将，你会做一些你想做的事情，让自己从不高兴中走出来。但你有没有想过，孩子也有不高兴的时候，你想过让孩子采取什么样的方式去发泄、去放松吗？

家长总在想：孩子能有什么事？记住，只要是有思想的人，一定会有自己想不明白的事，一定会有自己做不明白的事，一定会有自己烦恼的事。你考虑过孩子的内心感受吗？在你这里可能不是事，可在他那里就是天塌了。你不觉得这件事很重要吗？你倾听过孩子这么重要的事吗？

为什么现在的孩子早恋的倾向这么严重？实际上，是不是早恋，我们不能随便定性。但至少我知道，很多孩子是因为孤独，没有人和他交流，他需要找一个倾听者，而同性之间，理解得往往不会很到位。这时候，他们就急需一位异性的倾听者。久而久之，我们认为的早恋现象就出现了。实际上，是不是早恋？根本就不是，这是一种心理上的需求。如果父母及时出现在身边，父母就会成为这个人，如果这个孩子有几个特别好的可以倾诉的朋友，就不会去寻求异性的安慰，也不会出现大人所说的那些麻烦事了。

当孩子和你说的时候，我认为这是最好的事情。假如有一天，孩子什么都不和你说，你什么都不知道，等于一个瞎子在走路，想起来都觉得可怕。

你的倾听会给孩子带来心灵的慰藉，你的倾听可以为孩子指明方向，你的倾听会让孩子觉得生活踏实。

每天在孩子放学的路上，我都做儿子最忠实的听众，听着儿子絮絮叨叨地讲班级里的事情，听他讲和同学的关系，听他讲老师的有趣的事，时不时也跟着说两句。我觉得每天在路上开两三个小时车可能很累，但和孩子交流的过程却是一种天伦之乐。

父母辛苦我最懂。其实，我的工作更累，但我觉得这样的付出很值得。这是对幸福最好的演绎和诠释。

3. 给孩子一个合理的定位

"我这辈子最遗憾的就是没考上大学。孩子，你一定要考上大学，完成父母没有完成的心愿。"这句话听起来入情入理，可仔细想想，就不是这样的了。这是父母对孩子的期望。可有没有考虑过，孩子到底是什么样的？孩子的心里是怎么想的？孩子的承受能力又是怎样的？

你一定会说因为当年没有机会考大学，所以才没上大学。但我想问的是：如果有机会考大学，真的就能考上吗？你让孩子在接受物质生活条件的时候，也让他的精神极大丰富了吗？人应该量力而行。

给孩子讲明白你的生活。我经常对儿子讲，我现在的生活在很多人眼里还算好。其实，妈妈的生活准确来讲都不能算生活，充其量算作谋生。谋生的概念就是只停留在养家糊口上，在精神上根本就谈不上享受生活。如果想过更加优质、更加富足的生活，那只能比妈妈现在更好，那就意味着要付出比现在更多的辛苦。

学习是一件苦差事，这个我承认，但要学进去的话，就会很快乐。犹太人为什么那么富有？因为他们从小就热爱读书。犹太人每年人均读书量超过 60 本，是世界上人均年读书量最多的，也是世界上最富有的。财富和知识是成正比的。想改变命运，只能靠知识，努力了就可以过更好的日子，能做更多的事，创造更多的价值，为社会多做点事。

父母现在的现状，能让你目前的生活还过得去，如果想走得更高、更远，只能靠自己。

摆明现状，让孩子明白他的处境，往往对孩子心灵会有一定的触动。不能不做要求，但不能要求过高，一定要让孩子能够得着。一个不着边际的目标，会让孩子觉得学与不学是没有区别的。试问：如果是你，你会为了一个根本不能实现的事情去努力吗？一定不会。

"望子成龙，望女成凤"，这是所有家长的梦想。于是，两三岁的孩子就在咿呀学语的时候，童年生活就过早结束了。这不知是噩梦的开始，还是美好生活的开始？

条件优越了，不让孩子学些东西，家长觉得不安。

没有条件的时候，不学是说得过去的，所以有着充满梦想的童年，我完全是在玩泥巴中长大的，是在疯跑中度过的。没有人看管，没有人更多地理会，我在父母不经意间长大了。我以比常人小好几岁的年龄在上世纪 80 年代竞争很激烈的情况下迈入了师范学院的大门。

我不是天才，不聪明，但在朴实的生活中活出了真实的自我。我很幸福，因为我过着属于自己的真实生活。

于是，在教出了上千个学生之后，在反思自己走过的路之后，当我的儿子出生之后，我进行了合理的定位。儿子是个很普通的孩子，只要他健康成长，有属于自己的生活，只要他幸福就足够了。

我们不能总把自己的遗憾放在孩子身上来弥补。孩子尽力了，比我们强就知足了。当然，我们努力让孩子更好是没问题的，但应该考虑具体环境。我们不要把自己所有的希望都放在孩子小小的肩膀上，他们承受不了。有一天，他们会被压垮的。

一旦有合理的定位，孩子轻松上阵，效果比我们预想的要好得多，大家都会很开心，何乐而不为呢？

三百六十行，行行出状元。新闻报道一名大学生，辞去了国家公务员的工作去卖菜。为此，他的父母和他断绝了关系。结果，这名大学生在卖菜过程中，一年卖了 20 多万元，实现了自己的人生价值。更多的大企业认识了他，了解了他，给了他很多很好的机会，但他还在坚持走自己的卖菜之路。

给孩子一个合理的定位，只要是他自己感兴趣的、正确的，引导孩子，支持孩子，每个孩子都可以走出属于自己的辉煌！

4. 让自己沉下心来反思

常常听到很多家长抱怨，给孩子买了钢琴，花了自己好几个月的工资，可现在却闲置下来，当作了摆设。这个摆设有点太奢侈了。

是啊，这样的物件纯属"鸡肋"，扔了可惜，放在家里又没有什么用处，还占着地方，实在让人很纠结。

现在想想，这是孩子的问题吗？我们从来没有考虑过，其实这和我们做家长的有直接的关系。

孩子学什么，要从孩子的兴趣出发，如果是孩子自己提出的，那么就让他去学。但有的家长可能就说了，孩子学不了多久，就不愿意学了。所以，钢琴就闲置下来了，孩子也在不知不觉中长大了。是啊，孩子是不学了，可想没想过为什么？

每样东西，在学习过程中，都有一个入门的过程，有一个由简到难的过程。孩子学钢琴的时候，往往都很小。往往凭着一时的兴趣想学了，可过程是枯燥的，所以孩子静不下来学琴十分正常。这个时候就需要家长引导和坚持。你和孩子讲道理，告诉他钢琴多少钱，那是父母辛苦劳动换来的，很不容易。学好钢琴，可以像电视里的哥哥姐姐们那样，又弹琴又唱歌，让别人羡慕，别人想学还没有这样的条件，应该珍惜这样的机会等，反复和孩子讲道理。如果实在讲不通，还可以缓解一两次，有目的地宠爱孩子两次，让孩子觉得你的关心是发自内心的，是想让他把路走得更远。这样反复和他交流，度过孩子的困难期，自然就可以坚持下来了。

有时孩子说不想学了，闹了一通，家长就自动投降了，还堂而皇之地说："是你自己不学啊，将来后悔可别找我。"这是一句多么不负责任的话啊！孩子毕竟是孩子，如果能让自己的一生不后悔，他得多出色啊！正因为他把不好关，我们才应该全力帮助孩子，让孩子的路走得更长、走得更宽！

静下来反思，是家长一定要定期做的事情。实际上，我们一点小小的付出就会换来孩子一生的财富，而我们一时的冲动和疏忽会让孩子失去很多机会。

一个同事说他的儿子，小时候考试数学总是 100 分，而别人都是 110 多分，因为有附加题。他让孩子去学，孩子说要求会的我都会了，就不学这些课外的了。同事很平静地接受了。

我心里想了很久。这件事情对他可能是一件小事，可他却失去了一次教育孩子的机会。孩子的数学思维没有开发出来，同时也缺少了一种竞争意识。孩子一定是个好孩子，但一定会缺少点什么。事实证明，孩子的思维开发得并不好。如果能静下来反思，男孩子应该让他有一种不服输的精神，怎么能听之任之呢？如果孩子不想学，要给他讲学的好处。孩子还小，你给他的引导十分重要。他明白这样做对他有好处，怎么可能不接受呢？你分析到位了吗？你和他谈清楚具体的好与不好了吗？

反思自己经历和未经历的，反思自己看到和听到的，你会发现，其实发生在孩子身上的每件事，都有让家长成长的地方。你会有一种大彻大悟的感觉。实际上，教育孩子，家长也在不断地成长。

5. 让自己静下心来学习

我们的孩子生活在一个飞速发展的时代。时代变化之快，是我们想象不到的。很多家长跟不上时代的步伐，索性就放手，就让老师教育吧。经常听到这样的话：老师，就指望你了，孩子我是教育不了了，也辅导不了。教育人家，人家又不愿意听，说多了就让你闭嘴，再说多了，理都不理，关上门也不知道在自己屋子里干什么。现在的孩子太难教育了。

是啊，孩子难教育是家长面临的一个巨大的挑战。但是，不能因为难我们就放弃，我们没有权利放弃，只能承担。既然为人父母，就应该想办法教育孩子。难教育不等于不能教育。所以，要静下心来学习。

我做了这样几件事，也许可以给大家一点启示。有一年，班上同学几乎全都疯狂地看一本书，下课看也就罢了，上课也看。我一看实在没办法了，就对一名同学说："你把书借给我，明早我就还给你。""老师，你也喜欢读这样的书吗？""是的。"孩子很诧异，也很欣喜，他们还是喜欢有共同语言的老师，他们渴望沟通。很清楚地记得那是郭敬明的《梦里花落知多少》，我用几个小时看完了。第二天早上，在课前，我和同学们一起讨论了有关这本书我们能想到的所有的话题。有的同学问："老师，就这些吗？你觉得值得一看吗？""同学们，很多书都值得看，但得看在什么时间看。你们不能顾此失彼啊！读书我特别支持，但做事一定要有主有次。如果上课不听课，看这些书，老师是不会支持的。"后来，我又看了很多现在学生不厌其烦地看的厚厚的玄幻小说，和他们讲这样小说的好与不好。那里面更多的都是一种人们在现实中实现不了的东西，甚至死而复生等，脱离了现实。而这种书又会耽误学生太多的时间，只能作为一种消遣，而学生是没有这样的时间的。很多孩子听了，收敛了很多。

实际上，和孩子共同成长，才能跟上孩子的步伐。我们要教育孩子，就应该知道孩子想些什么、做些什么，对孩子做得不好的地方加以正确的引导。很多家长根本就不知道孩子在做什么，更不要谈什么引领了。

我们进步了，我们的心态也不一样了。我们融入了社会，就感受到了他们生活环境的变化，感受到了社会的变化，自然就可以接受一些东西，让自己也进步。这样的教育才是出于理性的，满足刚性需求的，这样的教育才是有效的。否则，很多家长在什么都不知道的情况下，就发表自己的言论和看法，孩子们自然不会信服，就会出现一种恶性循环，两代人不可能友好相处。长期下去，就出现了现在社会上大多数家庭出现的问题。

学习，可以相互认识，相互理解。不但要学习他们学习的内容，还要学习一些和孩子相处的方法和原则，学习一些有关青春期、叛逆期等方面的知识，不要总站在自己成长的那片土地上看天。那里的天还是蔚蓝的，现在的天已是灰白，我们应该在不断的变化中学会成长。

可能有的家长说，我天天看着孩子，我对他了如指掌。我想说，你不了解你的孩子，你不知道他在做什么，更不知道他在想什么。当然，你也就不知道你应该做什么了。

学习，力争让自己成长的同时，促进孩子更好地成长。

6. 关注孩子分分秒秒的变化

太多的家长流着泪说着自己不堪回首的教育过程。是啊，每个孩子生来都很优秀，都那么可爱。经常会听到家长说：孩子小的时候多可爱啊！是啊，可我们也不能不让他们长大啊！

什么动物都是在小的时候十分可爱。但是，孩子长大这种变化让很多家长接受不了。

我想告诉家长们：孩子是一天天长大的，不是突然长大的。因为我们的疏忽，因为我们还没来得及注意，我们的孩子就长成大人了。

这个变化让每个人都会有一种措手不及的感觉，因为你还没觉得日子过得有多快，可孩子却大了。"日子过去了，什么都攒不下，却能攒下孩子"，就是这个理啊！

孩子的变化绝不是一朝一夕的事，是需要过程的。如果在孩子成长的过程中，我们发现了问题，并及时加以解决，孩子就会健康成长。一棵小树，刚刚长歪的时候，你扶一下，它可能疼一下就长直了，等到它长成了的时候，你再想扶，已经不是疼不疼的问题了，而是根本没有办法改变了。那将是多么痛心的事啊！

所以，要关注孩子分分秒秒的变化。

孩子上小学一年级的时候，有一天，我忽然从他的嘴里听到了一句骂人的话。于是，我就问儿子："这句话你是从哪学的啊？""有的同学这样说。""那你知不知道这句话是脏话呢？""不知道，很多人都说啊。""儿子，这句话是脏话，是骂人的话，不能讲这样的话。人家会觉得你不是个好孩子。骂人让人瞧不起。每天我们都来学校读书，人家居然说咱们是没文化的人，那得多丢脸啊，你说是不是啊？""是的，妈妈，以后我再也不骂人了。"

从那之后，儿子真的再也不骂人了。总有人说，环境就那样，怎么可能改变呢？是啊，我们没有能力改变大的社会环境，但我们是不是还可以改变自己的孩子呢？我们不能对太多的孩子跟踪教育，但我们至少可以对自己的孩子尽一份力。

孩子的教育是很细微、很费心、很需要动脑的事情。如果都像我们想象中那么简单，现在的社会应该回到我们生活的从前，没有温饱，自然就没有这么多的精神需求了。可谁又能走回头路呢？我们只能去面对。

7. 不失任何机会渗透教育

对孩子的教育，是一个无休无止的过程。只有不断地进步、不断地思考、不断地学习，才能在教育中走在前列。

教育在无时无刻中。有些家长没有耐心，定时定点去做一些事情，这是不行的。要把自己所有的精力都投入到孩子的教育当中去，只要条件允许。

走路、吃饭、洗澡、逛街等，所有的场合都可以作为交流的时机。特别是接孩子的路上，这是最好的时候。拿出自己最大的耐心，明知道他是错的，也要用真诚的语言去感化他，让他明白你的苦心。

在我们的日常生活中，每个阶段都是让孩子成长的过程，每个阶段都是让孩子长知识的过程，他们在不知不觉中就成长了。

每天孩子放学的时候，那是我们最开心的时刻。我们无话不说，他可以谈他的想法，一天的喜怒哀乐，可以告诉我他的人生规划。可以说，我们之间的交流多数都在这个时候进行。

可能有的家长觉得这不太可能。家长有自己的工作，怎么能总接孩子呢？其实，我的工作也很忙。我是老师，每天要照顾60多个孩子，我很少有没事的时候，但我克服一切困难，坚持去接孩子，就是为了多与孩子沟通。即使接不了孩子，我晚上回家第一件事，一定是拥抱孩子，问候儿子："今天还好吧？今天有没有什么事和妈妈说说？"

我们之间可能是语言，也可能是眼神的交流，没有问题就各干各的，有问题马上解决。我只知道，教育是不等人的。

8. 改变传统的教育方式

对于很多家长来说，教育还完全停留在原始的教育方式上。他们总在说，我们那个时候，家长谁管了，哪个需要家长天天跟着了，没有。我们还不是成长得很好？哪有那么多事啊！

家长忽略了一个问题，现在的孩子与当年的孩子的生活环境是不一样的。处于高速发展的时代，孩子们没有办法抗拒各种诱惑。在成长中，他们会遇到很多问题？他们有机会接触到不属于他们这个年龄的事情，他们有机会遇到他们没办法解决的问题。他们茫然，这是一种常态；他们不懂，这是很正常的事。有些家长认为这些都是庸人自扰，其实不然。

我们的孩子接受的事物，让他们措手不及，实际上也让家长措手不及。既然孩子遇到了，我们就应该教会孩子应对的办法，让孩子顺利成长，这才是家长应该做的。

9. 尽可能调整自己的重心

自己对孩子教育的关注，某种程度上决定了孩子的成长高度。当然，有些孩子是自我成长的。但是，更多的孩子需要家长的正确引导，才能在人生的路上有一个质的飞跃。

我们的工作固然重要，但不能因此忽略了孩子。说得简单一点，现在的孩子太孤单，而现在也到了独生子女当教师的时代了。父母还没有意识到孩子教育的重要性，那就有风险了。

教育孩子确实是学校的事情，但孩子的成长应该是学校、家庭和社会共同的事情。毕竟，我们的孩子现在在家里就是小皇帝，很多事情没办法经历。那就需要我们和孩子共同成长。哭过也好，笑过也好，这才是人生。

当孩子在成长的时候，我们的事业也在上升阶段。我不主张家长放弃工作而全身心投入到孩子的教育上。你在事业上的努力会成为孩子最好的榜样。但是，你完全忙于事业，而忽略了孩子的存在，只是一两句简单的问候，那便成为了一种形式，缺少了深刻的内涵，缺少了教育的真正意义。

孩子需要的是一份真诚，需要的是正确的思想。他们是在成长的树苗，需要我们用心琢磨，一种好的方式完全可以事半功倍。可是，往往有些人不去思考教育，而是简单了事，在孩子身上所起的作用微乎其微。

教育需要付出，需要思考，需要真心投入，这样才能让教育的效果最好！

当然，总会有一些孩子不教育也很好，但毕竟那是少数，而恰当的教育是孩子成功的最强助力！

10. 共同成长，互相促进

教育本身就是共同成长，互相促进的过程。我们总觉得孩子还小，他们什么也不懂。我们总觉得工作就是大人自己的事情，孩子们是不应该了解的，也是不可能理解的。其实，这完全是我们认知中的误区。

孩子的世界我们应该参与，我们的世界也应该让孩子体会。

孩子接触得早，他们了解得就多，就会更懂事。他们会知道生活的不易、工作的不易，会激发他们的斗志。他们就可以把学习变为主动。如果他们没有机会去体会这些，就缺少一个生长体验的过程，等到他们大了，去社会中实践才知道，他们失去了太多的机会。与其这样，为什么不让他们走近我们？

我们也应该走进孩子的世界。有些家长总觉得孩子们做的事情太无聊了。有没有想过，既然这样无聊，为什么会有那么多的孩子津津乐道地做呢？一定有其道理所在。这就需要我们走近我们的孩子。他们喜欢的，我们可能不喜欢，但这并不意味着他们做的事情不对，没有意义。这完全是两个概念。

我们可以让自己和孩子接触同一个层面，我们可以从更高的角度去引领孩子。我们都不知道他在做什么，我们有什么理由讲孩子多么不负责任，孩子多么没有正事？这些不都是我们想当然的说法吗？

我们不能总用一个标准去衡量现在发展着的社会。如果孩子不接触现在的社会，他们不是与生活脱节了吗？如果我们不去和孩子接触，我们不就与孩子脱节了吗？谈何教育？谈何引导呢？

其实，现代人要有现代人的生活，这没有错。有些时候，只是我们看不惯，就觉得这样不行。其实，现在的孩子生活也很好。他们接触新生事物，他们走在社会的前沿，他们在用自己的生命尝试着一些新生的东西。

我们没有理由不支持自己的孩子，没有理由不理解自己的孩子。我们可以和他们一起成长，让我们新潮，让我们前卫，让我们更年轻。

孩子与我们，社会与我们都是共同成长，相互促进的。如果只是一味地用传统的标准来要求，社会岂不就走向了没落？社会需要我们的孩子，更需要我们的助力！

触及心灵的八条感悟

一些话，说得很感性，但感性中总会蕴含着一些哲理，在哲理中感悟对子女们的教育。有些时候，我们可能走在了一条错误的路上，或者走入了一个误区。当我们走出误区后，我们会发现教育本来没有那么难，是我们把它想得太难、看得太难、做得太难。其实，教育是一件很幸福的事，也是一件很简单的事。不信，您可以试试。

1. 感恩于心，孩子是快乐的

从来没想过，儿子居然有这么深邃的思想。

在儿子的强烈要求下，全家去吃烤肉。后来，我俩领儿子去了天富。一路上，儿子高高兴兴，蹦蹦跳跳。我很纳闷，这是怎么了？

"妈妈，和你们在一起走一走，我真的很开心。"

"为什么？"

"反正和你们在一起就特别开心。"

此时的我，真正意识到了完整的家对一个孩子来说意味着什么。

走进大门后，儿子突然问我："妈妈，我钱罐里的钱，你到底拿了多少？"

我忽然想起来，前一阵子有急事的时候，我将他钱罐里的钱拿走了。

"哦，400元。有事吗？"

"我觉得爷爷奶奶的耳朵太背了，我想给他们每人买一个助听器。"

"什么？"我简直不相信自己的耳朵。不知道什么时候，儿子真的长大了。

"如果不够的话，我就想办法上淘宝网给他们买去。"

听儿子絮絮叨叨地讲着自己的想法，我才知道自己为什么老了。

我真的为儿子有这份孝心感到高兴。我自豪，我开心。这就是儿子的快乐。

2. 珍重耐心，影响孩子一生

要有足够的耐心面对自己的孩子。说实话，这一点我做得很不够。

在儿子这十几年的生活中，每时每刻，我都要带着自己五六十个学生，小至十四五岁，大到十七八岁，而且需要教课的孩子有一百多人。当我把自己最大的耐心都献给了我的学生之后，已没有更多的耐心来面对自己的孩子了。我觉得自己是无私的，但又很自私。我用一个冠冕堂皇的理由将自己的孩子挡在了自己的心门之外。

我反思，我努力，我改变。于是，我拖着满身的疲惫，带着满脑子学生的影子，用最大的耐心来面对我的儿子，但还是有失败的时候。练琴是一件很枯燥的事情，做作业难免有磨蹭的时候，看到他慢，我就生气。每当这个时候，我就告诫自己：要有足够的耐心，他还是一个孩子，可以想各种办法，让他改正这些不好的习惯。于是，我晓之以理，动之以情。终于，儿子做作业快了很多。其实，什么都可以做好，只是有没有足够的耐心罢了。

做教育的人，应该从有私再走向无私。我们总觉得为了学生不顾自己的孩子，这是一种无私，可我觉得恰恰相反，当你有私，把自己的孩子教育好了，才有好的经验教育更多别的学生。你自己的孩子都没有教育好，再无私，效果也不会好，这又有什么意义呢？

3. 面对补课，我的内心独白

我从来没有想过，自己会坐在这样的一群人当中：老眼昏花的老爷爷、絮絮叨叨的老奶奶、喋喋不休的中年妇女，还有几个年纪轻轻的保姆。耳畔响起的是银铃般的笑声，眼前飞舞的是各色的貂皮，高跟鞋有节奏地咔咔响着……

只有我，像一个刚进城的土包子，穿着不讲究，长相不可人，坐在一角，找不到一个有共同语言的人。

这是儿子上英语课的休息室。

几个衣着时髦的女人在热火朝天地聊着：

"每天我开车送孩子，一天天地都累死了，可学完也挺好的。"

"我也是，我姑娘昨天的舞蹈排练还上电视了呢。家长真厉害，礼堂里可冷了，家长就都出去给孩子买皮靴，四十多个家长，那么短时间全买齐了，可贵了，一千多一双。我家有一双，可是小了，我就又买了一双……"

眉飞色舞地炫耀着自己孩子成绩的中年穿貂皮女人，渐渐地在我的眼中模糊了。我看到一个疲惫的小孩子在台上穿着小红鞋在跳舞，不，是皮靴。

还有一群没钱的老人在聊天：

"没钱。""得坐一个多小时车。""我真不愿意在这待，六十多了，不如自己过，这在姑娘家天天得接送孩子。""行了，算有福了，我儿子儿媳都下岗了，没钱，为了这孩子，姥姥姥爷、爷爷奶奶那点退休金全放在孩子上课外班上了。""学好了也行啊。""可不是咋的。""没学好，其实也不错，这假期上完课，就已经把时间都占上了，省得他们疯玩。"

我的眼前闪现出一群孩子呆滞的神情。孩子已不是孩子，早早地进入了老年期，因为他们没有童年。

一个中年妇女说："我家孩子有多动症，从孩子上学起我就不上班了，天天坐他旁边给他讲。可一回头看他在那玩呢，气得我每天都得打他。""你怎么知道他有多动症呢？""医生说的。""我们不能急于给孩子下结论，小孩子玩一玩、动一动都是很正常的。""他不正常，我每天都得看着他，领着他画画，学这学那。别说，就画画时不溜号。""那孩子就没有问题。""有问题。"

看着中年妇女对孩子那么自信的判断，听着她述说着家里昂贵的宝马车，我真的想说，放孩子一马吧!

当我们面对孩子教育的时候，总是感慨孩子有问题，可谁又想过自身是否有问题呢?

在上课前，英语老师要求提前来半个小时，有利于复习昨天的内容。从理论上讲，这绝对是一个负责任的老师，也可能是怕完不成教学任务吧。但说实话，孩子的压力太大了，七点半到，孩子几点从家走啊? 孩子的觉怎么睡啊? 但是，座位和来得早晚是挂钩的。

"我们六点就起床来抢座，就不能排排队?""我当了这么多年老师了，还不知道怎么管学生……"早来半个小时却用来争吵，一位中年家长不忍心，"既然孩子来了，让孩子复习吧。"

耳畔还是争吵声。

我木然，眼前出现了这样的画面: 孩子们艰难地行走，老人们努力地跟着，手中捧着足够的钱和吃的、喝的，中年人在外面当牛作马……

这就是教育的悲哀，人才在哪里?

这就像走穴，像赶场。孩子所有的兴趣和天性都被泯灭了，还想让孩子做什么? 当我知道这是一种悲哀的时候，居然很认真、很执着地走在这个行列中。

教育怎么了? 为什么没有一个人站出来? 我又在做什么? 一直以来，我告诉自己，将来一定不让我的孩子这样，可今天我也坐在了这里。我不禁更加茫然，这叫负责任?

4. 习惯的养成，化难为简

我让孩子在快乐的玩耍中长大了，我实现了自己的梦想，我还给了孩子真正的童年。

我一直和公公婆婆一起过。三代人五口之家，这是很多人，特别是年轻人不能接受的事。可是，在我的内心深处，感觉到了太多的好处: 公公婆婆有中国传统的精髓，他们身上有很多值得孩子学习的品质。

孩子在爷爷奶奶的照顾下，在父母的呵护下，逐渐长大。在成长中，儿子知道要孝敬老人。在我家中，儿子知道，吃饭时，爷爷奶奶不吃自己不能吃。儿子知道，在生活中需要孝道，需要对老人好。

在成长中，儿子知道大家是民主的，是可以和平共处的，是可以其乐融融的，因为我们家里是民主的，儿子知道什么时候可以发表自己的见解，什么时候可以坚持自己的观点。

在成长中，儿子知道爷爷的字很好看，妈妈的字也很好看，儿子知道自己的字也要好看，于是开始学习书法。儿子告诉我，学习书法是一种享受，是一种潜移默化的影响。

在学习中，儿子说，我一定要比别人好。这种竞争意识植根于他心中，促使他不断取得进步。

在生活的每个细节中，我们让孩子有一种自信，有一种不服输的精神，有一种良好的心态，有一个好的学习习惯。我们还需要做太多其他的吗？

我从来没期待儿子成名成家，只希望他做自己应该做的事，在自己的圈子中生活得开心幸福！

5. 肌肤之亲，健康心态

与儿子在一起，更多体会到的是儿子身体的"奶香"。

我总会逗儿子："人家有'香妃'，难不成你是'香儿子'吗？"于是，我和儿子在床上就会"厮打"起来。

父母工作忙是很正常的。可是，我们挣再多钱，孩子却荒废了，孰重孰轻？其实，工作要有，生活要有，孩子要有，好的教育更要有。

儿子一出生，接生的大夫将儿子还带着羊水的脸贴在我脸上的那一瞬，我知道，我与这个宝贝是一辈子贴在一起了。我也感受到了母亲的伟大与沉重。

我们中国人是在传统观念中成长起来的，对西方的很多礼节，很多人是不能接受的。拥抱、亲吻，这简直就是伤风败俗。可我们坚持的又是怎样的仁义道德？我们没有拥抱，但我们的孩子在青春期的时候不就开始拥抱了吗？于是，社会上出现了十多岁的孩子也到医院做人流。这是什么？这又是为什么？

这不是教育的缺失吗？家庭教育、社会教育，甚至是学校教育的缺失！社会发展了，孩子的思想发展了，但我们不能对我们的孩子听之任之。遇到问题，我们要反思，更要有行动。

每天给孩子一份温暖，每天都找机会与孩子交流。交流和教育是两个概念。一味地教育不是一剂良方，有时候加入些细微的调味品，会使教育多些味道，会让教育更受用。

吃饭、散步、打球、洗澡、看电视……任何时候都可以感受到孩子的观点与想法的存在。你面对的是活生生的人，和孩子交流他们感兴趣的话题，我们可以走进孩子的生活，走进孩子的思想。

直到现在，每天晚上，我都要亲一下儿子。孩子会有一份期待，有一份绝对的安全感，这是我们可以做到的。

6. 挫折教育，诚实做人

面对孩子的教育，有些家长很困惑，我也迷茫过。

面对孩子回家不说实话的问题，我以最平和的心态处理了这个问题，让儿子明白了诚实的重要性。

每次都可以看到儿子的奖品、儿子的小卷，可忽然有两天，我没见儿子拿出小卷。小学一年级，每天都会考点什么，为什么没考呢？儿子回答说"没考"，眼神在闪烁。

正常的情况下，我每天都与儿子交流，看看儿子学了点什么，看看儿子的进步。我忽然在儿子的书包里，发现了一张 95 分的卷子。面对儿子的第一次谎言，我想了很久。他为了掩盖，也可能怕我批评他？我想了各种理由，可他毕竟还是个孩子。我把卷子放回了书包里。小孩子的心机不过如此，对于我来讲却是个十分严肃的问题。

"儿子，你们班每天考试有错的同学吗？""有啊。""其实，错也没关系，但应该知道哪里错了，只要改过来，下次不再犯同一个错误就行了，你说是不是啊？"儿子看了看我，没有言语。"其实，每个人都会犯错误，包括妈妈，你说是不是？但有问题我们要学会面对，可以解决的，承认了，再改正不就行了，是不是？宝贝。"儿子又看了看我，六岁的孩子，脸上的表情很复杂："妈妈，昨天老师在黑板上抄的字，我没看清楚。我抄错了，所以打了 95 分。我没让你看，是我错了。"我乐了："没关系，知道是什么问题了吗？""知道，初中的初少了一点。""现在记住了吗？""记住了。""那就好。要不咱们也可以把错误的卷子都夹到语文书里，考试前再看一看曾经错过的题，就不会错了。""好啊！"我感觉儿子长长地出了一口气。

事情就这样结束了，从此，儿子回来不是拿出满分的卷子，就是告诉我什么地方错了，应该怎么改。

正如很多人想的一样，孩子撒谎除了想掩盖，还有一种莫名的恐惧。如果当孩子有问题的时候，我们以合适的方式解决了孩子心中的疑虑，孩子内心一系列的不快自然就没有了。当我们狠狠地批评孩子，甚至打孩子的时候，是否想过，我们可以以更好的方式来解决这些问题呢？

从此，儿子只要做错题，回家第一件事就是拉着我说："妈妈，今天这道题本应该是这样的，可我当时是这样想的。我现在会了。""嗯，错了能改过来就好，不能在同一个地方摔两个跟头。"

我们从此无话不谈。这是一个良好的开端，让孩子学会了认识自我，改正自我，完善自我。最重要的是，孩子学会了诚实做人。

当然，教育中会遇到这样那样的问题，儿子是诚实的，可社会的大环境又很复杂，所以我们也要让孩子学会变通。

7. 畅谈人生，享受天伦之乐

我去接儿子，实在没事的时候，看到有卖房子的信息，就打个电话，结果惹上了一系列的事，中介的电话不断地骚扰我。

"妈妈，你想买房子吗？""以前想过，刚刚看到信息，就无意识地问了一下，可人家一直在打电话问我了。其实，妈妈很想你上学也不用走太远，要不在路上耽误的时间太久了。如果可能，妈妈就把咱们现在的房子卖了，再想办法凑点，你上学就不用浪费那么多时间了。""妈妈，你想过没，这里离你单位有多远啊？你是想着我上学，可我上学只是三年，而你们两个上班要那么多年，还是不用了吧？我行的。"听着儿子的话，我心里有一种说不出来的滋味，酸酸的、甜甜的。自己没本事，却有一个好儿子。

我告诉儿子："妈妈当了二十年班主任，接下来的三年，妈妈不能再当班主任了，妈妈得管你了，妈妈得享受这三年与儿子唠嗑的幸福。以后你上大学，妈妈想和你说话都没多少机会了。"

"你会不会烦妈妈啊？""不会，不过有时候你说话还是有点霸道，像命令，那样我就不爱听，不过很少是这样啊！""好啊，你烦妈妈。"我假意去打他，他大笑："没有，只是偶尔，不过正常，哈哈。"我和儿子总是这样疯疯颠颠的，我觉得这样与儿子相处很舒服。

儿子有点累了，上车的时候，缺少了那么一点点的喜悦。

"很累吗？""有点，不过太没意思。""怎么说？""没活动，没自习，全是课，要不就是考试，就是觉得没什么意思。""那你说怎么办？什么事有意思，咱们就去做。""踢踢足球，看看书，听听歌，弹弹琴，看看球，看看《快乐大本营》，是不是有点多？"儿子做了个鬼脸。"是的，你也没闲着啊！""可实在是没时间。不过还行，也没什么太大的事。""没事，如果有需要，我们一起来调整，怎么样？""没事。只是感慨一下。"

"妈妈你说的很多话，现在看来真的都是对的。""怎么突然有这样的感慨？""小学同学当初多好，可现在有时候遇到的时候，有的都不认识了。我们现在35、36班就两个小学同学，关系还算不错，别的班的，在学校打个招呼，有些甚至都不认识了。想一想，六年在一起，可现在的关系却这样淡。你说初中同学将来是不是也这样啊？""其实，人这一生会接触很多人，不过能交下的不会有很多，将来可能联系得多一些的就是大学同学了。其实，人生中会有很多时候不像自己想象中那么美好，没有什么事十全十美的。"儿子颇为感慨，我知道儿子的小心思：儿子是一个特别重感情的人，小学时他是班级的核心，那时候孩子们都围绕着他转，现在难免会有一种失落感。

"其实，现在你的好哥们儿，将来都会是你的战友、你的兄弟，说得功利一点，都是你的人脉资源。你们是有实力的一群人。""真希望我们高中也能在一起，这样，我们这群人就在一起六年，将来大家就会像亲兄弟一样。"听着儿子的话，我感受到的是孩子内心的孤独。"你们这些兄弟，还有大学的同学，只要真心对待，将来都会是最好的朋友，是你们事业的助力。""看来真的是这样，你说的是对的。"

儿子每天小脑袋里会想很多的问题，他会滔滔不绝地问，像个小尾巴一样地跟着我。这就是儿子。

8. 走出误区，还我们的孩子

作为一名教育工作者，我没有塑造出太多的英才，但我相信自己教育出了很多出色的中国公民。

如果每个人都是英才，那社会上就无所谓英才了。

当我们的孩子连一个合格的公民都做不成的时候，我的心是破碎的。

可能很多家长不认可我的说法，总想将自己没有实现的梦想放在孩子身上实现。可能很多老师也不认可我的说法，认为我们的学生都可以考上名牌大学。

我们不能没有梦想，但更不能没有意识。我们很多时候都是睡在舒适安逸的床铺上做着飞黄腾达的美梦，谁又能看到我们与别人的差距呢？在一个灵魂与肉体渐行渐远的时代，我们不应该好好思考一下人生吗？

我们有一个健康快乐的孩子不行吗？很多家长在择校的时候，总在关注北大、清华考上几个。我们能不能清醒一些：我们的孩子可以优秀，但如果都能上名校的话，名校还有意义吗？

我们让孩子有一个健康的体魄，让孩子有一个健康的心态，我觉得这就是人生大赢家。学习知识固然重要，只要努力，不留下遗憾，内心充满幸福，我想就可以了。

总执着于自己的想法，失落会有多少？最重要的是，要让孩子走向幸福。

幸福后记

王晨宇

其实最开始我不太想写这么多，但毕竟是我的亲身经历，也许我更能代表孩子们的心声。给自己留一份回忆，也希望能给父母们一些启示，让更多比我小的孩子感受到幸福，这样我也会很开心。

其实我更愿意分享的是初中、高中的经历，因为小时候还不太懂事，也不太记事。也正因为如此，我才愿意花时间记录下我还记得的那些感觉。可能有些故事和启示会有些许重复，但希望能带给所有读到书的父母和孩子一些启示。这是这本书的意义所在。

付广娟

这是儿子上初中前，我们幸福生活的点点滴滴。

初中是儿子成长得最为艰辛的三年。这三年，让我看到了一个男子汉的成长历程。我写了很多思想成长的故事，都源于我们真实的生活。

现在儿子已经上大学了。我已经把儿子高中三年的奋斗经历，用日记的形式记录下来，那三年是有效陪伴的三年。总有人想知道，什么是有效的陪伴，那就看看我们的高中部分吧！

孩子的成长可能只是一个过程，但我要让成长留下美好的痕迹。对于我们来说，这是一笔宝贵的财富。如果能给大家带来一点启示，那我觉得付出多少都值得了。

期待新版的小学、初中、高中系列家庭教育书籍早日与您见面！我一定会努力做更好的家庭教育！让我们一起砥砺前行！